顾问式工作法

陈 震◎著

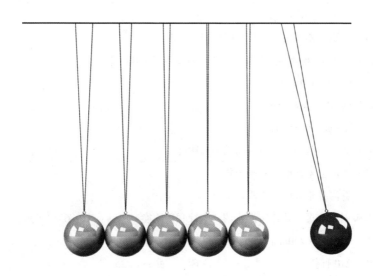

光明日报出版社

图书在版编目（CIP）数据

顾问式工作法 / 陈震著. -- 北京 : 光明日报出版
社, 2025. 5. -- ISBN 978-7-5194-8694-5

Ⅰ. F272

中国国家版本馆 CIP 数据核字第 202573ZJ57 号

顾问式工作法

GUWENSHI GONGZUOFA

著　者：陈　震	
责任编辑：许黛如	策　划：张　杰
封面设计：回归线视觉传达	责任校对：舒　心
责任印制：曹　净	

出版发行：光明日报出版社

地　　址：北京市西城区永安路106号，100050

电　　话：010-63169890（咨询），010-63131930（邮购）

传　　真：010-63131930

网　　址：http://book.gmw.cn

E - mail：gmrbcbs@gmw.cn

法律顾问：北京市兰台律师事务所龚柳方律师

印　　刷：香河县宏润印刷有限公司

装　　订：香河县宏润印刷有限公司

本书如有破损、缺页、装订错误，请与本社联系调换，电话：010-63131930

开　本：170mm×240mm			
字　数：210千字		印　张：14.25	
版　次：2025年5月第1版		印　次：2025年5月第1次印刷	
书　号：ISBN 978-7-5194-8694-5			
定　价：78.00元			

用顾问式工作法给组织和个人重新定向

顾问式工作法是未来职场最重要的变革，工业时代的目标思维，目标类似于企业的指南针，会为企业组织的运营带来安全感。人们习惯了工作定时定量完成的精确性，工作过程服务于结果，企业和个人获得收益。然而这是工业时代的旧逻辑，企业和个人再照这个思路走下去，会迷失掉工作方向。

我们需要看到未来十年或者二十年一些趋势性的事，AI 将会加速进入任何可以实现工作标准化的领域，对重复性工作进行替代，标准化制造场景之中不再提供巨量的劳动密集型的工作机会，更多的人将会回到服务于人的工作中。未来工作的内容，留给人的多是高技能的工作，探索性和复杂性会伴随工作的整个过程，这种商业价值的迁移，正在影响未来。这就是顾问式工作法的特质，要放下旧的工作模式，甚至要放下一些过去的观念和工作原则，和人工智能一起，不断重新构建工作内容，重新创造思维能力。

在工业时代，我们思考的问题是将产品销售给客户。在今天，企业架构设计师和职场人还是觉得这样思考是安全的，大部分人都是这么做的，这导致了每一个产业领域都显现拥挤。这种现象的背后，说明商业世界的主导权已经实现了转移，需求正在引导商业资源的结构性重构，不仅改变供给侧的物理形态，也会改变供给侧人的工作形态。

顾问式工作法的本义，是人要像顾问一样展开自己的工作。而其真正的内涵，是以客户的全周期需求变化为核心，将服务过程中的产品交付和服务交付当成理解下一个阶段需求变迁的里程碑，保持连续的信任叠加影响力的关系，一种连续的关系构建和需求洞察才是未来工作的本质内容。

顾问式工作法的重要工作方式，是将工作重心调回到人，客户的需求和客户的期望。执行顾问式工作法的企业，也就建立了一个从线索到现金流的连续增益循环的过程。

在新的洞察里，商业不再局限于买卖，而是聚焦于一个连续的服务之流，顾问式工作法聚焦于客户的需求，让客户变得更成功、更优秀。之前的企业服务行为是营销服务的一个子系统，更多的服务体现在售后保障的承诺。现在，顾问式工作法需要企业做出系统性的转变，用服务和价值洞察来引领营销行为。

数字智能化造就了一个透明的经营环境，数字比价系统将所有产品提供者都压缩到一个价格区间，进入了全球价格战的"乱纪元"，企业都在寻找下一个时代的价值突破点，顾问式工作法要求企业基于数字技术，寻求客户隐藏在需求背后真正的目的，一个目的实现的过程中，可以挖掘出更有价值的需求。

笔者想要给出一本企业进行"组织战略转型"的图书，我们接触国内的规模性家族企业，这些企业都面临"继承、增长和发展"的多重问题。这种问题需要进行制度重构和组织重构，这就进入"公司治理"层面，即如何为规模型企业和家族企业的公司治理提供一种转型模式，转换视角，回到公司制度的底层系统，去重新设计一种新的工作方法，对于组织结构进行一次渐进式的变革，也就是用普遍的顾问式工作法重构企业的治理结构。

就规模性家族企业领导者而言，现在都在思考成为"百年企业"，而笔者和团队思考的问题，即如何为"百年企业"这个战略假设来构建"百年体制"问题，从"权威领导者组织"转变为一种"人才共聚式民主领导力"，通过决策机构的变革，建立制衡机制让家族企业这种长期主义的治理结构得以保持，这对中国企业和中国经济的未来具有重大的价值。

家族企业需要重建领导者角色，构建"董事会、总经理和监事会"的治理平衡机制，董事会设立一系列原则，守护股东价值但防止股东主义，从上下位关系转变为"互为服务关系"，即退出经营层和业务层的董事会成员，转变为公司战略运营的智库组织，而不是管制和目标任务派发中心，以此形成对人才有充分吸引力的开放型经营结构。避免出现"老领导一发言，新领导不吱声"的决策结构，形成顶层的"圆桌武士"的共识和关键领导力叠加的新的决策机制。企业董事会可以去主抓价值观和成为企业体制的维护者及智库角色。以咨询顾问而不是权威来影响企业的决策方法。

家族企业很难建立跨越第一代企业家的奋斗周期，因此，以开放式学习组织构建的企业智库，事实上成为企业的"赋能者"或者"企业大学的教员"，从权力者走向影响力者，通过建制方式，使企业转变为顾问式组织和顾问式领导者，这是本书的立意。

战略决策层面问题的解决，笔者认为，这些家族企业会比一些合伙型公司组织更具有面对长久挑战的内在动力，长久生存和发展会成为自觉行为。

在员工层，员工"从专家转变为客户顾问"，这是一种经营范式的转变。顾问式工作法能够重构企业的收入模型，原因在于，这个工作方法将企业的精干力量派驻到一线，在与客户的深度接触中，实现市场潜力的变现。顾问式员工需要学习，在售卖产品的同时，能够发现客户隐藏但没有说出来的真实价值。这种额外的价值，可以实现企业的增长，这种深度理解需求的互动行为，当客户产生需求的时候，第一个想到的就是理解自己的顾问，这种和客户并肩向前的态度，能够带来一种新的商业关系。一个企业需要将聆听客户的需求作为企业的核心工作，不再是站在远处取悦客户，而是肩并肩，成为解决下一个问题的伙伴关系。

企业需要转型为顾问式组织，企业领导者需要转型为顾问式领导，企业的管理集中于自身的员工成长。聚焦于客户下一步要干什么，我们能够提供什么样的价值。让客户真正需要的产品和真正需要的成长体系结合起来，凭借专业顾问能力和企业资源，和客户一起绘制下一步的商业蓝图。

从提供产品到共同成长，是一种根本性的思维方式的转变，这就意味着每一个顾问式员工，不仅要站在产品要素的视角看待问题，还要从价值交付的视角看待问题。这就是顾问式工作法的未来。

陈震

2024 年 10 月 20 日于北京

目 录

1

第十章　面向客户和组织的变革实践

第一章

面向未来的顾问式工作法

1.高端服务业顾问式工作法正在泛化

俗话说"隔行如隔山"，在一个行业使用的成熟系统和思维方式，在另外一个产业之中，就成为跨界新知识。在本书的开始，笔者就做一个论点，在未来，大部分企业都要变成管理咨询公司一样的工作方式，大部分员工都要转变为客户工作顾问。

高端咨询业的工作方法，在今天正在泛化为一种普遍的工作方式。大约在二十年前，"顾问式营销"作为一个营销流派，在复杂产品和服务营销的过程之中，就起到了非常重要的作用。像专家一样工作，顾问式营销强调通过深入交流和分析，全面了解客户的真实需求和潜在问题。销售人员需要扮演客户的顾问角色，提供专业的意见和建议。

进入 21 世纪之初，一些深度思考的公司认识到所有的市场增长或下跌，其本质原因就是被客户认可或抛弃，顾问式营销的核心是以客户为中心，展开商业活动。因此，基于对客户需求的深入理解，提供定制化的产品或服务解决方案，以满足客户的个性化需求。

顾问式营销不仅仅关注单次交易的完成，更要重视与客户建立长期稳定的合作关系。通过持续的沟通和服务，增强客户对品牌的信任和忠诚度。在合作过程中，追求客户利益和企业利益的平衡，实现双赢。通过帮助客户解决问题和创造价值，赢得客户的长期支持和合作。

顾问式营销有两个非常重要的底层思考：其一，将产品交付转变为面向客户的价值交付，加入了部分定制化的经营元素；其二，顾问式营销建立了企业和客户之间的系统回路，因而价值交付的过程之中，可以进行过程问责和迭代方案，和客户持续互动是整个系统的精髓。

但顾问式营销并没有成为企业的主流营销方式，原因当然也很简单，这个专家顾问营销服务系统因为高成本，仅仅局限于大客户营销和复杂系统营销的交付过程。低成本的营销，就是企业打广告，夸大功能，做客户想听的承诺，这种单方向的营销模式目前依然主导市场。随着基于数字智能化企业组织的发展，客户和企业之间的交互信息可以进行自动计量，数据驱动的智能化营销正在降低互动营销的运营成本，未来，企业营销模式将会发生改变，基于智能化的互动营销模式、沉积企业所有企业专业知识的智能化系统会研究客户的需求，数字化的顾问式营销体系将变成普遍的需求。

高端咨询服务业企业，诸如麦肯锡、IBM 等，其本质的工作形态就是做难事，委托企业不能独自解决的问题，才需要咨询顾问团队的参与。因此，这种工作方式聚焦于客户对当下业务的改良，也和客户一起，进入一种面向未来的探索旅程。咨询服务业顾问面对的商业环境和工作对象是不确定的，需要在混沌之中找规律，在模糊之中找秩序。在工作之中，只有一个模糊的大方向作为指引，在前进的过程之中，合作双方都会变得更好。

图1-1　高端服务业的特征

在今天和未来，企业的目标管理仍然大行其道，但越来越局限于标准化的工业场景之中，工厂管理强调标准化、工作纪律和精益生产，其中，精益生产以一种全流程的数据跟踪和运营系统，将工业生产管理的节约化、精确性做到了极致。这样的管理系统的贡献在于，通过标准供应链管理方式，能够提供标准质量的产品。例如，一个消费者在电子商务平台展开对于一件商品的搜索，所有的产品都是符合标准质量的产品，消费者的选择方式似乎就是一种"玄学"，企业和企业之间无法找到差异性。这就是最大的商业场景，企业思考的问题，其实就是从这个场景里脱离，重新定义客户和商业目的。

目标管理很重要，但在很多情境下，已经不符合经营的现实，现在的企业运营充满了断层线。越来越多的企业和职场人看到，即使每一步都达到目标，每一步最优也不代表能够做到全局最优。从发现机会到产生现金流回报，越来越依赖于企业经营过程之中的战略执行能力，对于商业现实的知识萃取能力已经超越标准化系统，成为商业的引领力量。

理解需求、发现价值，并不是产业工人的特长，而是专家的工作领域，新的工作项目，每一次都是对认知的拓展和心智的挑战。顾问式工作法的内涵是突破而不是继续沿着标准化的道路，是一起和客户发现新价值，并且共同走下去。人人成为专家，这是未来企业对员工的基本要求。

顾问式工作法是对高端服务业的工作泛化之后，大部分企业所秉持的工作方式。在这里，我们可以回到基础的商业哲学来简单描述这件事的变迁逻辑。在商业世界里，人与人的关系的本质是价值交换者，人是商业价值的尺度，产品和服务只是服务过程之中的中间驿站，顾问式员工是价值传递全程中的信使。

人工智能和大数据并不会自动筛选出对客户真正有益的东西，人是价值的判断者，因此满足了消费者绝大多数基本的物质需求，物理产品和精神产品的升级迭代，时尚、美和生命体悟这些独特的价值服务，这种多层次的需求满足，需要顾问式工作法。

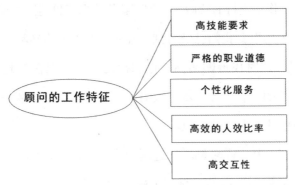

图1-2　顾问的工作特征

　　笔者无法预测未来，但可以得出一个结论，未来发展得好的企业，不会回避企业发展过程中的难题，不会回避原创精神和原创性行动。

2.价值链上的权力转移

　　现在，商业思考的最小单元是一条闭环的价值链。对这句话做一个简单的解释，很多工厂和公司并不是完整的价值闭环构建者，这仅是一个价值单元。一条完整的价值链上有若干个价值单元，在这条价值链上，那些拥有持续现金流聚合和分发能力，同时拥有定价权的价值单元，就是价值链上的权力中心。

　　在以往的认知之中，资源整合是顶级的思维方式，即在价值链上，能够不断地调配资源，将一个一个简单单元连接起来，形成完整价值交付流程的人，是资源整合者。在近三十年的职业生涯里，客户、我们和同伴一起运作的项目，都是为资源整合者服务的，在价值链的顶端，这些领军人的思考方式和顾问的思考方式其实是一致的，都是在利他和共赢的基础上，组织资源，实现资源的整体流动和增值。

在顾问式工作法流行的背后，一切现象均指向了价值链上权力的转移。

在过去三十年里，我们已经看到了几次这样的权力转移，岁数大一点的人，还记得稀缺时代抢购酱油、糖和盐的往事，现在看起来可笑的事情，恰恰是供给侧享有主导市场的权力，人们对于基本生活需求稀缺的恐惧，是富足时代的人无法理解的。

接下来，就是基本需求领域的过剩经济时代，以大媒体广告左右消费者决策，企业大量制造产品，靠着传媒驱动，作为开拓市场的主要武器。如果中年人愿意回忆，就会想起很多"标王"名牌产品，媒介驱动和敢下重注的经营勇气，在增量市场里，靠一些简单的运作，就能够实现超常规生长。

而在今天，需求侧的消费者主权崛起，意味着价值链上的主权已经转移到了消费侧。需求侧在数字化智能化基础上形成的新的集群，逐渐获得更大的控制权和影响力，从被动接受产品和服务，需求侧转变为主动参与、选择和影响企业决策的过程，企业的外部经营环境发生了重要的变化。少数有变革能力的企业，经营重心也从供给侧到需求端，重构"人货场"不断释放新的竞争优势，将资源从旧结构导入新结构之中。资源的结构性流动，中间过程需要大量的顾问式员工的参与，这就是我们今天遇到的系统挑战。面对复杂挑战，企业每一次转型就像卫星火箭发射一样，是集群智慧协同的成果。

在数字智能时代，评论者喜欢讨论的问题是"技术平权"，事实上，在笔者看来，所谓的"技术平权"是不存在的，数字化社会、智能化社会带来的过度竞争和快节奏的技术变革，带动了工程技术的普及，一些标准化的工业生产流程知识确实实现了平权。比如，中国出口的电子科技和机械产品在质量和先进性上与国外基本已经没有差距，中国市场和世界市场都面临着全方位的需求饱和状态，因此，极难再有像中国这样的超大规模的工业化。因为大规模的技术普及造就了现在的社会经济形态。

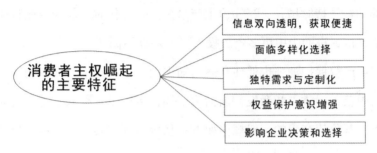

图1-3 消费者主权崛起的主要特征

然而，在"技术平权"的背后，却出现了技术工程的断崖，知识生产成为新经济的主要形式，在标准化工业系统的上位，又建设了一个新的经济结构体，这就是知识创新系统。在这样的视角观察之下，利润越来越向知识生产系统集中，知识创新系统通过规则和向下整合，左右着生产价值链。未来发展的一个核心问题，就是如何提高知识创新的效能，而顾问式工作法本身，就是为了解决这个问题而生的。

"利润越来越向知识生产系统集中"这句话需要笔者做一个解释，我们生活在一个富足时代，绝大多数人并不是为温饱发愁，而是为如何发展和超越他人而焦虑。经济规律表明，知识创新带来的资源专有性能够维系企业的定价权，这是企业获得高利润的主要原因。"过剩"和"稀缺"并存的时代，过剩的产业会逐步进入微利社会，而"稀缺"带来的相对垄断和优势地位，能够给企业带来更大的价值。美国的"科技七子"之中，如微软、英伟达、苹果等，其单一企业市值一度达到了3万亿美元，我们需要深度理解其背后的逻辑。

基础材料、新信息和能源革命是知识生产的三大要素，特斯拉汽车和比亚迪汽车就是凭借新材料的突破，在电动汽车领域掀起了一场革命。未来职场中的人，会努力逃离"过剩产业"，进入"知识创新产业"，知识生产系统包括研发、教育、培训等领域，这些投入能提升整体社会生产力，推动经济持续增长。当知识生产系统高效运作时，能为企业和社会创造更多财富，进而吸引更多资源投入，形成良性循环。

知识产权保护加强也促使利润向知识生产系统集中，保障创新者能从其创新中获益，进一步激发创新活力。知识生产是一种基于需求的知识集成行为，其价值产生的一般规律如下：从信息到洞察，从洞察到洞见，从洞见到智慧，从智慧到本质。一旦抓住了本质，按照东方人的说法，就是抓住了"天道"，其行动就会有足够的价值精确性。这其实也是顾问式工作法产生价值的过程。

互联网带来的公共知识和公共信息的透明化，不仅影响了消费者的行为模式，也影响了产业经济的表现方式。消费者可以轻松获取产品和服务的详细信息、用户评价和对比数据。这使得消费者不再依赖于企业提供的信息，而是可以通过多种渠道自主判断和选择，从而增强了消费者的决策权。社交媒体平台让消费者能够分享他们的体验和意见，好的产品和服务会迅速传播，而糟糕的体验同样会被广泛曝光。这种透明度迫使企业更加注重产品质量和服务体验。

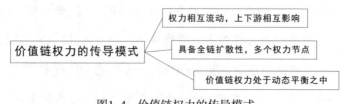

图1-4　价值链权力的传导模式

与简单的基本需求过剩时代不同，现在所有的竞争参与者，必须同时做好产品、技术、资本、效率、品牌、运营、供应链等所有元素，一个不缺，才能进入市场的门槛。之前，权力在巨头企业之间转移，以美国企业为例，从希尔斯百货，渠道霸权转移到沃尔玛手中，现在又从沃尔玛转移到亚马逊平台，而亚马逊的后续平台也已经露出了自己的头角。但现在，价值链权力的传导模式已经变成一种扩散性的特征和形态。今天，笔者为何要深入去讲述顾问式工作法呢？原因就是整合思维需要叠加另外一种顶级的价值思维方式：分发思维。在笔者的职业咨询生涯之中，发现一个问题，就是很多价值链的整合者，在整合资源之后，没有将资源再次分发出去的能力。在需求市场，现在和未来，都是满地碎银子的时代，如何将零散的需求收集起来，以有竞争力的成本形成商业系统，其实是时代的难题。问题是，绝大多数上一代企业都没有给出合格答案。

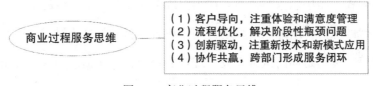

图1-5 商业过程服务思维

顾问式工作法立足于知识生产的效能问题，并以此为抓手，重新掌控价值链，新价值链上的权力获得，不仅需要出色的资源整合能力，同时还需要出色的资源分发能力，二者是一个配称体系。如此复杂的商业系统的设计，每一次搭建的过程，名义上是推动一个公司的发展，实际上是在构建一个"网络城市"，这种复杂的系统，需要强大的过程控制能力，这种线下线上一体的构建系统，通过质量控制和最佳实践范例，构建一个学习型的商业网络。这些都是新事物，需要顾问式工作法来推动每一个人的行为变革，直到新系统变成社会中的一种理所当然的价值体系。

3.优化思维主导的顾问式工作模式

思维模型和工具库，对咨询管理者来说，就是自己的仓库，和生产企业的仓库其实没有什么两样。越是全球知名的管理咨询公司，其思维模型和工具库的内容积累就越多，其实，这就是一个积累成长的过程。

顾问式工作法的底层逻辑基于成长性思维。成长是一个过程，我们在讨论企业发展战略的时候，事实上，战略就是团队对商业过程的思维方式，是一种总的指导思想。战略开启的过程就是启发团队进行思考的过程。

顾问式工作法思考的问题，在于促成企业成为一个有机的整体，能够随着时代的脉搏不断地向前移动，同步或者略微领先这个时代。这些话语说得容易，关键是如何执行下去，现在的企业，都在追求用流量推出一个爆品，大中小企业都希望如此，但顾问式工作法的核心要义就是让企业整体能够在未来几年或者几十年的时间之内，推出一代又一代出色的产品，能够对准需求市场，不被客户抛弃。如何能够达成这样的目的，这是一种对商业行为的深入洞察，而不是应付眼前的短暂行为。

对企业的成长来说，在整体上，需要一种优化思维作为主导方法论。优化思维需要企业所有的管理者和员工思考一个问题，做事何为正确？知道下一步的工作方向才能够展开下一步行动。而此刻，我们就需要和咨询专家一样思考，如何甄别问题，挑选关键问题，进行诊断和找到解决方法。

　　笔者在多年的顾问生涯中，有多次带领咨询顾问项目团队和客户进行合作的经验，顾问的工作应该是"授人以渔"，即在双方的共同努力之下，客户企业能够自己增强综合治理能力，达到自己解决问题的目的。

　　笔者的工作前辈也秉持一样的工作模型，即让客户变得更好，他们面对的企业，往往是工业技术公司，面对这样的客户，基于改良思维的精益生产模式成为一种普遍的管理导入方案。精益生产管理基于对客户需求的深刻理解，工作服务流程严谨而系统，从问题定义到实施支持，涵盖了项目生命周期的各个阶段。每一步都旨在确保客户能够获得切实可行的解决方案，并在实际操作中取得成功。

　　精益生产首先分辨出有价值的活动，消除浪费，勾勒出清晰的价值流，让生产线运行顺畅起来，和供应链上的伙伴一起构建实施适时生产系统（JIT），生产线的节奏适应仓储和渠道资源限制，然后再次导入一个持续改进的周期。

　　在今天看来，定义问题的框架，组建深度理解供应链的顾问团队，研究和数据收集，问题诊断与方案开发，按照工作节奏与客户沟通反馈，方案优化与定稿，实施支持，成果评估与跟踪，就是一个典型咨询项目的服务周期。

　　现在咨询公司的工作方法已经泛化了，这是所有企业的基本决策框架。无论什么样的项目，基本都是以下几个步骤：第一步，要形成基于共识的战略文本；第二步，形成适应战略文本的组织架构；第三步，基于组织架构形成战略执行的流程。如此形成一个系统性的整体。

　　然而，本书谈及的是未来的顾问式工作法，对于上述项目运作的流程，诸如精益生产管理模式，其运作方式还是太内向了，即使系统化，也还是内向型系统。数字智能时代的项目管理，强调一切从客户出发，需要做突破，其实是不断打破组织的惯性，跳出自己的老圈子。持续改良的目的，也是最终要跳出发展周期，从内向系统走向开放系统。

企业未来的发展模式就是要全面外向化，虽然关注企业自身发展活动依然重要，但在新的资源整合链和分发链当中，分发链主导着供应链，将精益生产等管理行为都变成基础工程而不再是上层建筑，这就是游戏规则的转变。

未来的企业经营领域，会明确分出两种并存的工作方式：一种为成熟的业务，也就是已经进入了标准化领域，进行大规模生产、大规模分销和大众传播的领域，在这里，有明确的目标和KPI考核体系，有严格的监督和纪律；另一种是面向未知的探索性业务，这个领域有明确的方向和目的，但是不好确定目标，在新的领域，没有一个标明具体步骤的整体蓝图，因此也无法标准化，但在过程之中，需要不断寻找定位点，确立路标，有人提出更好的建议和路径的时候，就逐步迭代优化路径，让创造性成果慢慢显现出来。创造性成果出来之后，再逐步导入标准化系统，这是一种二元对流的体系。

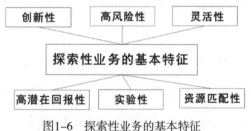

图1-6 探索性业务的基本特征

探索性业务是企业保持竞争力和创新力的重要手段，尽管风险较高，但成功后的收益也往往更为可观。

探索性业务在企业之中占据的比例也越来越大，笔者没有可以进行直接衡量的数据，对管理咨询公司来说，100%都是探索性业务。而在很多企业内，原来还处于标准化的领域，现在也变成了不确定的领域，比如，营销也正在变成探索性领域。

营销本来是标准化的场景，不少企业用定营销目标的方式，将年度增长率设定为 20%，并以此来替代战略变革、技术创新和组织变革。但现在是过剩时代，客户到底是怎么想的？制造和提供客户真正需要的东西，成为一个谜题。以前企业只是关心将产品推给客户，现在才发现自己对客户市场和典型客户的关注太少了。

在顾问式工作法之中，营销这个环节可以看成企业和客户进行紧密接触到结合的契机。并在这样的结合过程之中，真正理解客户，对于指导未来的有价值的信息忽略了。

营销在今天已经变得越来越具备技术性特征，专家压到一线，已经是一种普遍的需求，从产品提供者变成数据生产者和产品服务者的双重角色，是一种未来。

"以客户为中心"是一种承诺，在实践之中，如果要将承诺贯彻到实际业务当中去，其实是全员参与组织的迭代和改良，从精益生产到对整个价值链管理的精益商业过渡，这就是从以产业工人和工程师为劳动者的体系，向"人人都是专家"的顾问式劳动者转变，企业需要管理好一条完整的价值链，就需要重新思考并迭代每一个流程，将客户价值通过顾问式工作法，转化为企业价值，这是一条必须打通的路径。这样，也影响了未来企业的管理形态，即实现客户和企业之间的利益一体化的变革进程。

4.产品服务化和服务产品化的对流趋势

专家咨询和顾问工作，从传统的产业分析来看，这是一种"手工业务"，律师和医生、咨询师的工作内容都是如此，支撑体系是一个事务所或者工作室。他们是真正的脑力劳动者，靠一份一份出售"智识服务"来解决客户的问题。从个人职业角度来看，专家的收入相对较高，但服务过程也充满挑战，甚至痛苦。

在过去几十年里，商业界认为顾问式营销和顾问式工作法是一种高成本、高要求的运营系统，因此，顾问式工作法是为高附加值而生的。随着技术的发展，这一切模式正在改变。技术正在改变高端服务业的游戏规则。

业界已经做出预测，人工智能（AI）即将成为一种日用品。确实，仔细观察，AI已经深入我们生活的方方面面，从智能家居、智能穿戴设备到智能医疗、智能交通，再到教育、娱乐、金融等多个行业。这些应用不仅提升了生活品质，还改变了我们的工作方式。随着技术的不断成熟和创新，AI的应用场景将会更加丰富多样，进一步融入人们的日常生活。

智能设备和产品的使用过程，也是不断产生新数据的过程，支撑智能设备整个智能网络的"专家系统"就会变得越来越聪明。而新的价值计量模式，智能网络之中积累的用户数量，以及越来越智能的专家系统，就是企业的高价值资产。

关于智能网络对未来产业的影响，互联网思想者凯文·凯利的作品

《必然》中，为我们描述了一个产业未来变革的方向：今后不再是固定的、可捕捉、可占有的实体，一切产品都会变成一种"服务之流"。其文字可以这样理解，在 AI 普及之后，随着算法的不断优化、计算能力的快速提升以及大数据的积累，人工智能的准确性和效率得到了显著提高。同时，云计算、边缘计算等技术的发展使得 AI 服务能够以更低的成本、更快的速度部署到各种设备上。这种技术门槛的降低加速了 AI 的普及，使其能够应用于更多日常场景。

我们身边的产品，比如冰箱，一旦智能化之后，产品在与平台的数据交互过程中，就会产生永无止境的改进过程。一次买卖过后，软件升级和数据迭代就成为贯穿全生命周期的事情，每一台冰箱都能够成为数字生产终端，最终汇聚成为一种服务之流，厂家可以依据生活方式预测和推荐下一个需求。

综上所述，产品服务化模式旨在通过整合产品与服务，创造更高的客户价值和企业效益。

举例来说，产品服务化模式已经开始普及，汽车正在从一件产品变成一种按需提供的私人交通服务，对部分用户而言，不必再拥有汽车的产权，而是通过手机 APP 来定制自己的出行方式，从拥有汽车产权到购买出行服务，这就是一种产品服务化的变革模式。

比如网络打车平台，每一天都在更新迭代用户群体的行为数据，并且让整个服务平台变得更加聪明，更能够有能力理解每一个人的需求，形成企业的知识资产和数据资产。在 2024 年的资本市场，有价值的数据资产被认为是"数字时代的石油"，之所以有价值，原因在于其用户群体的商业价值。这些拥有使用惯性的用户，在未来十年，都能够给企业带来现金流。

AI 技术正在与各行各业进行深度融合，形成了新的产业生态。在这个生态中，不同领域的企业、研究机构等共同参与，推动 AI 技术的不断创新和应用。这种跨界融合不仅促进了 AI 技术的快速发展，还拓宽了 AI 的应用场景和市场空间。

回到服务产品化领域，本来作为"手工活"的咨询和知识服务项目，随着数字化企业架构和 AI 的发展，能够提供不同的收费模型，而在当下，技术资源已经成为推动组织和模式变革的主导力量。借助网络分发技术，基于网络的知识服务和在线教育服务，能够做到按需付费，使用次数和使用权收费盈利模式，在今天已经容易做到。

很多咨询管理专家和技术工程师，利用自身专业优势，将知识资产化，促进其实现价值转化，成为数字红利和智能红利的得益者。在 AI 的助力下，企业可以将自身的专业知识、经验、案例等无形资产转化为可销售的产品或服务，实现知识资产的货币化。这不仅有助于企业拓展收入来源，还能通过市场反馈不断优化和升级知识产品，形成良性循环。

笔者服务的客户很多都是大企业，毕竟高端服务业企业拥有更多的工具、模型和创新方法，服务的对象都是复杂系统。但是服务业和技术经济是不同的产业结构，大量的中小企业能够在市场细分的情况下，通过网络收集零售的用户，形成社区，提供服务，满足多元化的需求。知识产品和服务的丰富性，使市场逐渐细分化，针对不同行业、不同领域、不同层次的用户需求，出现了更加精准、专业的知识服务。这种细分化趋势有助于提升用户体验，同时也为企业提供了更多的市场机会。例如，冥想产业并不是高新技术产业，但也是拥有 60 亿美元年产值的服务业生意。瑜伽冥想导师和麦肯锡的企业管理顾问，都是在做服务，只是内容不同，而算上全球在线瑜伽和冥想产业，则是几百亿美元的产业，这就是服务产品化的进程。

AI时代下的服务产品化，特别是知识产品和知识服务的市场化，是技术进步与市场需求的必然产物。在线教育、远程医疗、智能咨询等新兴业态的兴起，都是AI时代知识服务产品化的直接体现，它们正在深刻改变着传统行业的面貌，推动经济结构的优化升级。

它们不仅能够为企业带来新的增长点，还能推动产业升级和经济发展，但同时也需要我们在实践中不断探索和完善相关机制，以应对可能出现的挑战。

5.顾问式工作法决定职场未来

一个大学工程学科的学生问笔者：工业膜工程专业是否有前途？在环保领域、新材料领域、生物领域以及新能源领域，工业膜工程都是核心环节。

在思考几分钟之后，笔者是这样回答的：

"我不是工业膜工程的专家，对于职业未来认知缺少精细颗粒度。现在这个时代，单个专业和单个工程师职业前景，并不取决于个人，也不取决于单专业。从我现在的工作经验来看，之前的工作，大部分都是单个顾问就能够解决问题，而现在，每一个项目的运作，都是跨专业专家的协同，我看到的现实，未来，完成一个项目，需要跨越若干个专业领域，不同工程背景和管理背景，还有金融背景的人，在一起贴近市场工作完成目标。换成你的专业，其实也是一样的思考模型，现在是'千人一杆枪'的时代，不再是一人一支汉阳造的时代，你的个人价值是和你邻近的几百个工程师和战略管理者决定的,你将自己放在一个高附加值的价值网络中,和独立钻研专业本领是同等重要的事情。单个工程师可以成为个人英雄,但必须置身在高价值网络之中,或者自己独立创造出一个高价值网络。"

一个大学工程学的学生,围绕专业前途问出的问题,其实还可以转化一下,在未来,一个专家如何靠自己的专业和判断能力拿到职场的定价权?这是对自己的职业如何更有价值的思考,这种思考,其实就是顾问式工作法需要解决的问题。

在这里,人人都是自己的CEO,如果将一个人作为一家公司的运作来思考,其实就说明问题了。在公司里,老板的权力已经转移出去了,现在是客户拥有权力,客户能够决定我们能够获得什么样的产业地位。

在北京时,笔者认识了一位95后的投后管理领域的创业者,他是公司的CEO,率领一支精干的团队,帮助创投企业寻找欠缺资源,在名片上印制的头衔叫"首席服务员",笔者看到也是一笑,对这位创业者来说,算是"人间清醒"。

未来的职场人都要转变为专业顾问,顾问的典型思考模式,就是从一个价值整体出发,来看待价值网络中的每一个价值单元,先看整体,再看个人,这样就保持了战略连贯性。同时,顾问式工作会存在激烈的自我反思,甚至自我背叛,原因就在于,为了获得真相,需要去研究对自己很负面的东西。当一个职场人以这样的态度开展工作的时候,我们就认为这个人已经导入了顾问式工作法。

在企业中,每一个人都是独立的经营单元,在理论层面,每一个人都需要积累一种不可复制的能力体系,并且基于自己的能力去"销售"那些无法复制的价值。回到即将进入职场的工程师的问题,笔者总结一下,大概有四个方向,对于未来的职场人是有指引价值的,这些因素结合在一起，也就构成了顾问式工作法的场域。

第一点，在技术元素越来越重要的时代，成为技术工程精英是一条道路。日本麦肯锡前合伙人作家大前研一，本身就是核物理领域的博士，他创作过一本书，叫《专业主义》，谈的是在一门精透的专业里，获得顶峰认知能力，然后以这个专家的定位和"技术新大陆"去做高价值组合，在大系统里帮助团队解决某一类专门问题。专业主义的目的，其实就是要求个人有足够的选择权，将未来发展的主导权放在自己的手中。这也是顾问式工作法强调的成长思维模式，在未来的职业生涯中，做一个终身学习者是一种必然。在AI时代，独特性需要经过精心选择，不可替代是一个高要求，未来社会中，人的焦虑点主要来自这里。

第二点，在所在产业的头部找到自己的位置。这和成为专家是前提和结果的关系。用专业一点的话语来讲，专家需要和专家在一起，形成一个共同的行动者网络，至少要形成一个价值单元，这就是基于人生的"结果导向"。至于为什么要在产业头部找到自己的位置，恰恰是回到了企业经营的本质，企业经营的是客户，客户的市场地位决定了企业市场地位和价值成果。在产业头部，有服务大企业和大客户的机会，这种紧密接触的过程，形成专家网络，这是保持职业持续性的一个方式。很多专业人士在职业商业的闪光期很短暂，往往是因为缺少专家网络的支撑。

第三点，基于专家定位和专家网络，要成为拥有良好判断力的人。这是个人和组织关系的深度思考，在团队和组织之中，成为佑护组织和发掘组织潜力的人。顾问式工作法在此时就变得十分重要了，作为团队成员，需要对需求和业务的变化极其敏感，到了这个阶段，其实是靠洞察力吃饭。对产业走向的判断力成为一道过滤器，无数商业案例都表明，产业变革和颠覆在一开始都是边缘的小变化，对这些边缘的小异类创新，需要保持足够的好奇心。

第四点，要能够成为输出模式和秩序的人，从专家到产业规律的遵从者，不仅是一位专家和产业思考者，此刻需要做一个哲学思考者。所谓哲学思考，就是那些将产业危机和企业遇到的瓶颈问题当成机遇的人，丘吉尔说，"永远不要浪费一场好危机"。这是一种战略思辨能力，在商业历史中，所有乘风而起的人，恰恰都是在别人的危机里找到了新路，并且在思辨哲学的指引之下，走上变革之路。只有用哲学思考的人，在时代拐点和产业拐点到来之前就开始行动找到下一条出路。绝大多数人，只能成为优秀者，但无法成为卓越者，原因在于，卓越者遵从产业规律。

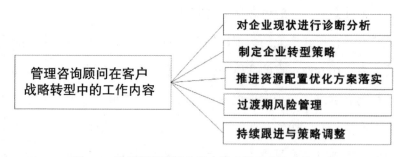

图1-7 管理咨询顾问在客户战略转型中的工作内容

总之，战略转型顾问的角色是引导企业在变革中把握机遇，规避风险，实现可持续发展。

卓越者能够输出模式和秩序，一个出色的企业不能永远生活在固定的模式和管理制度之下，拥有完整的引领变革的经验，这是职场生涯的一个高点。我们需要知道企业经营的现实，即大部分企业发展过程中，至少都通过一次战略变革，才获得大发展的。有专家说，一个企业至少有80%的收益来自一家经过战略转型的公司，不能转型的企业活不过一个产品周期。

顾问式工作法的精髓，其实就是将自己定位成为一个变革者，无论在企业组织内任职，还是作为管理咨询公司的顾问，从技术到专家网络，从专家网络到系统认知和贡献，再到变革管理者，顾问式工作法要求自己和所在的团队，在面对企业危机的时候，要跳出别人设定的旧模式。创造新的游戏规则、行走在游戏规则领域的人，其实也是真正理解顾问式工作法的人。

6.从性价比经济到影响力经济

人工智能在快速反应方面正在超越人类，但机器不能替代人的情感智力，因此，人类会逐步放弃与人工智能的竞赛，而逐步转移到情感智力领域，更多的商业价值将在这样的领域里产生。

从自动驾驶汽车的精准操控到复杂数据分析的即时反馈，AI 在快速反应与高效处理信息方面展现了超越人类的能力。其计算能力、无休止的工作耐力以及对海量数据的精准分析能力都令人惊叹，在一些领域，人类只能选择和 AI 合作，让工作成果更优秀，而不是选择和 AI 竞争。

AI 可以显著地降低产品运作的成本，但服务和影响力经济可以提供一定的温度。

硅谷投资人彼得·蒂尔说："人们总是高估工程技术的复杂度，而忽视了企业组织协同和管理的复杂度。"事实也是如此，自我意识、自我管理、社会意识及关系管理等多方面能力，这不是能够进行软件化和智能化的领域，商业竞争的新领域，已经进入了情感智力、人文关怀和技术元素共同缠绕的新结构里。一家企业的产业地位，不仅仅取决于其实体产出，还取决于其综合的社会影响力。

在笔者的咨询顾问领域，基于企业影响力的战略管理已经被放到了非常重要的位置，现代消费者不再仅仅关注产品的物理属性，如价格、质量、性能和造型等，他们更关注品牌和企业价值观所传递的价值、体验以及与自身身份的契合度。

图1-8　影响力经济的新结构

对影响力经济的核心内涵，其实笔者在 20 年前并没有深入的了解，但随着在麦肯锡工作，带领团队一起完成项目的时候，理解了"影响力"这一词语背后的好几层意思。在和自己敬重的领导者进行深入对话之后，知道影响力的后面，其实是企业的角色、定位，以及成为产业引领者的雄心。虽然"影响力"这个词语，并没有目标，但其实一旦细想，它是比企业经济产出更加全面综合的社会价值指标。

第一点，影响力经济的本质，就是面对市场，其角色定位不仅仅在于赢得高价值客户，更重要的一点是要成为客户值得依赖的伙伴。在其后，才是一个专业问题的解决者。这样的定位，在经济领域，追求的是赢得客户的信任，进而形成长期合作关系。在高层次的商业决策中，信任是至关重要的。

对一流企业来说，每一个员工都是企业的影响力因子。企业的影响力是寄存在客户和潜在客户那里的信任票，这种影响力在企业的发展过程中，是靠口碑不断积累的。一流企业客户其实是一个网络，一流客户的名单就是企业影响力的有力证明。影响力经济的价值是客户在有需求的时候，第一个想到的就是你。

对中小企业而言，顾问式工作法的价值，就在于成为客户的好伙伴，替客户多想几步，多做几步，其影响力就会慢慢提升起来。

第二点，对产业的发展能够提供深刻的见解，对客户具备观念引领能力，对整个生态圈具备间接的引领能力。引领产业经济突破拐点，这是影响力经济的一种行为表现。举例来说，苹果在移动终端生态链中的行为就是如此，正是其"重新定义了手机"因此具备这样的影响力。在中国，像大疆这样"重新定义了无人机"，其实也具备了世界级的影响力了。再如，麦肯锡的客户遍布全球各个行业。作为一家有影响力的企业，麦肯锡能够在全球范围内引领行业趋势，提供跨行业的深刻见解。这种广泛的影响力不仅帮助麦肯锡提升自身品牌价值，也使得它在不同市场和行业中都能保持领先地位。

在管理咨询领域，品牌建设和营销是重点关注的方向，为了在影响力经济中取得成功，企业需要重新审视自己的品牌定位和营销策略。要从单纯的功能性宣传转向情感共鸣、社会责任和文化连接。而真正的品牌，都建立在坚实的人文底座上，社会影响力是品牌影响力的基座。

第三点，影响力经济推动者引领价值链上的一批企业穿越周期，有影响力的企业往往会影响一个时代。企业能够创立健康和可持续的商业生态系统，靠价值观引领，形成新的消费文化，构建新的用户话语结构，成为社会经济变革的推动者。

影响力经济注重的是品牌对消费者情感、社会认同和价值观的影响力。企业不仅要提供好的产品，还需要在品牌形象、社会责任、文化认同等方面具备较强的影响力。例如，环保、可持续发展、社会公平等议题成为许多品牌吸引消费者的关键要素。

正因为影响力经济模式是一个高阶要素的复杂结构，因此，才需要引入顾问式工作法。对照前文对于顾问式工作法的四点要求，从个人视角为企业做贡献，企业正是在一个高价值的网络之中，才能够成为一家影响力企业。

回到"性价比"经济，其实在思维方式上就是一种所谓的"大道至简"的思维，事实上，有些事情可以避繁就简，但想要成为高附加值企业，无法进行至简的经营游戏。大部分商业模式都是为了逃离价格战而设计的，这种设计用附加增值活动来替代掉性价比模式。顾问式工作法就是为了逃离价格战而生的。性价比经济主要关注的是产品或服务的价格与质量之间的平衡。在这一模式下，企业通过提供高质量且价格合理的产品来吸引消费者。这是一种价值螺旋式下降的过程，是一个恶性循环，从产业周期来观察，几乎没有企业能够在这样的体系中最终生存下来。

7.服务收益大于产品收益的新现实

在消费市场里，取悦用户是当下很多企业的思考方式。价值型企业在企业文化和感性体验领域都在努力适应消费市场的变迁。服务引导的消费市场成为主流，这是现代经济结构转型和消费者需求变化的必然结果，尤其在金融、教育、医疗、旅行、娱乐、科技等高技术含量的服务领域，正在成为商业服务收益的主要来源。

从国际经济来看，美国服务业占据经济总量的80%以上，70%的就业机会来自服务业，确实是服务引导的消费市场成为主流的一个典型例证。经济结构的转型、消费者需求的变化、技术的进步、就业市场的调整以及全球化的影响，都是推动服务业快速发展的主要因素。在这一背景下，服务业不仅成为经济增长的重要引擎，也塑造了现代消费市场的新格局。这种趋势表明，服务业将继续在全球经济中扮演主导角色，成为未来经济发展的关键驱动力。

中国第三产业的发展，也和其他的发达经济体一样，服务于人的产业经济产出会占据更大的比例，服务业通常涉及高附加值的业务，并且能够创造大量的财富和就业机会。但收费模式和产品销售不同，按需消费和使用权消费成为一种常态。

服务业的发展，特别是高端服务业的发展，正在急速改变人们的工作形态，服务专家和顾问成为一个主导性的职业形态，因此，顾问式工作法也会大行其道。之前，商业的核心围绕着公司和工厂展开，诺贝尔经济学奖获得者加尔布雷思提出"生产者主权"的概念，但这样的概念在今天已经在实践之中被解构了，成为企业继续发展的阻碍。

之前，营销主义商业模式主导几十年的商业实践，但在今天，互动已经成为企业和客户的主要连接方式，互动的主要内容其实就是对话，一种多层次的对话，顾问式工作法的基础也是人与人的对话。在数字智能化时代，商业的本质已经不是营销，而是一场关于需求也关乎文化精神领域的持续对话。

对话的过程，也是产生网络内容的过程。在数字化系统里，这些对话变成了企业理解的数据，无数的顾问式对话，就构成了数字品牌和体验。顾问式工作法强调和客户之间真实、平等和深度的对话，无论是对商业客户，还是个人，都是一个价值共创和文化共建的过程。这些都是从产品到服务转移的新现实，因此，对创业企业而言，思考如何进行服务业创业，应是面对未来主导方向的问题。

典型的模式是基于平台的主播营销，其形式就是对话过程，中国很多企业家都参与了主播营销，积极为企业服务建立和用户的真实关系，在功利和传播知识方面能够做一个平衡，这就是一种基于互联网的服务模式。而今天，主播营销已经成为一个正式服务职业的类别了。这种"营销即对话"的模式，能够逐步理解市场的脉搏，形成企业的社群营销模式，开展社群服务。

在国内，有很多和笔者一样的管理咨询顾问，本来的合作对象主要为大企业，但现在面对的服务对象转变为中小企业，中国中小企业更需要管理知识的教练体系，将一些管理工具使用好，在经营过程之中需要过程指导和交流。基于数字智能化平台，原来，一个项目团队一年只能服务于几个大企业客户，但现在借助数字智能技术，就有了"服务新效率"，业务模式也从全方位面对面的战略服务项目转型为基于网络的"管理轻咨询"业务，一年能够服务于上万个付费中小企业服务项目。顾问能够展开内容订阅服务、网络课程服务、针对具体问题的在线服务，线下培训以及深入企业解决管理问题。这些多层次不同收费模式的服务体系，正是中国中小服务型企业转型的典型案例。

平台经济是服务引导市场的重要组成部分。美国的公司，如亚马逊、谷歌、苹果等，中国的互联网平台公司，如腾讯、阿里巴巴、京东、拼多多等，利用平台模式连接供需双方，提供各种服务，极大地改变了传统的消费和服务方式。这种模式不仅提升了服务的效率和质量，也使得服务业的覆盖面和影响力显著扩大。这种"平台＋公司""平台＋个人"服务，在未来会成为一种普遍的就业形势。

在中国，除了泛用的"万能平台"企业，也有大量的垂直领域的"产业平台"，这样的平台能够聚集一个产业的多种资源。例如，美团就聚集了数百万的外卖服务人员；而闲鱼这样的中介服务平台，二手货的交易也达到了每年 2000 亿元的交易量。服务业通常比制造业具有更强的吸纳就业能力，特别是在发达国家，服务业提供了大量的就业机会，并且工作岗位种类繁多，从低技能到高技能岗位都有，能够适应不同层次劳动力的需求。

数字智能时代的技术进步，正在急速改变商业系统的架构，传统意义上的"生意人"或"卖手"角色正经历着深刻的变革与重塑，变成基于消费侧社区的服务者。随着商业模式的边界被不断拓宽，消费者行为的多元化与个性化需求日益凸显，迫使商人们不得不重新审视自己的定位与策略。在这一背景下，顾问式工作法所倡导的"买手"角色转换，成为引领商业变革的重要趋势。

传统上，商人往往被视为商品的推销者，即"卖手"，他们的工作重心在于如何将产品推销给尽可能多的消费者。然而，在选择过剩的时代，单纯的推销策略已难以满足消费者日益增长的品质化、个性化需求。他们不仅要求产品本身的高质量，更追求购物过程中的愉悦体验与个性化服务。这便是"消费者主权"这一商业第一性原理的生动体现。

在此背景下，基于消费者和商业需求者的"买手"角色的崛起显得尤为关键。与"卖手"不同，"买手"更加注重对消费者需求的深入理解与精准把握，他们像是消费者的贴心顾问，根据消费者的生活方式、兴趣爱好及实际需求，挑选并推荐最适合的商品或服务。这种转变要求服务者拥有深厚的行业知识与卓越的选品能力，以便在市场中筛选出真正符合消费者期望的"好物"，或者一起创造"好物好服务"。

会员制仓储超市、社交拼团等新兴服务模式的兴起，正是这一转变的生动实践。这些平台通过构建"买手社区"，将具有相似需求的消费者聚集在一起，形成集群购买力。在这个社区中，消费者不再是被动接收信息的对象，而是积极参与商品选择与评价的主体。商家则通过大数据分析、社交媒体互动等手段，深入了解消费者的偏好与需求，从而提供更加精准、个性化的商品与服务。数字化转型的加速也为"买手"角色的实现提供了强大支撑。借助云计算、人工智能等先进技术，商家能够更高效地收集、处理消费者数据，实现精准营销与个性化推荐。同时，线上线下的深度融合，也为消费者带来了更加便捷、丰富的购物体验。

从"卖手"到"买手"的角色转换，是实现消费者主权、提升商业竞争力的关键所在。未来，随着技术的不断进步与消费者需求的持续升级，我们有理由相信，"买手"角色将在商业市场中扮演更加重要且不可替代的角色，推动顾问式商业形态的不断创新与升级。

第二章

问题驱动

1.面向具体场景解决具体问题

本书对顾问式工作法（Consulting Working Method）的定义，是基于客户对话，深度理解需求，实现和客户进行共同价值创造的一套工作方法论。当然，从专业人的角度，也可以这么定义，顾问式工作法是一种通过专业知识和经验为客户提供建议和解决方案的工作方式。在本书中，笔者觉得要更加注重顾问式工作法的共生共创性和过程性，因此，顾问式工作法想要表达的新经营体系，即通过顾问式工作法，实现企业和客户之间的价值同盟关系，不要再将客户理解为"甲方乙方"，而是变成相互依赖的"我们"，数字智能化设施已经可以将企业和客户实现智能一体化，连体思维才是面对未来的深度思考。

顾问式工作法，首先思考的问题是和客户建立一种可以延续的关系。因此需要去解决客户的具体问题，实现问题驱动。

图2-1　问题驱动模式

这里面有一个合作规律，我们的客户会相信一个能够帮助自己解决问题的顾问团队，这种工作的方法就是实现最小的价值闭环。即和客户一起，能够面向具体的场景，解决具体的问题。在服务的过程当中，从战术问题入手，往往就是更好的抓手。从解决战术问题到解决战略问题，这就是顾问式工作法逐步深入的过程。两个不同的行为主体合体的过程，需要进行过渡。

企业和客户之间的接触都是从一个触点开始的，每一个触点都是一次机会。我们在第一章已经谈到了商业的基本原则，假设我们的企业只是一个服务体系，在整个服务体系当中，核心是用户。我们和客户之间能够建立一个共同的数字化的场景，这个场景能够把成千上万的用户囊括进来，构建一个共同的服务系统。新商业模式的设计需要紧密围绕着用户的需求和体验展开。我们服务解决问题的方法，是和客户一起去解决客户的问题。这是顾问式工作法的基础的工作方法，也是本质的问题。

这里边有一个经营常识，当我们拿起一个管理工具的时候，首先问出的一个问题就是这件管理工具是否足够便宜，能够降低企业的运营成本和交易成本。如果答案是肯定的，我们的客户一定会接受这么做。

现在所有的企业服务都需要一个基本的数字化基座，或许在我们合作之前，客户已经是一个数字驱动的组织了，但如果没有这么做，现在就需要帮助企业完成数字化改造，让企业成为一个数字化企业。这是一个重要的而且普遍的需求。今天我们和任何一个人谈商业场景的时候，其实他们都默认这就是企业的数字化场景，这是时代的工具，不是某一类企业的工具。将企业的产品和服务导入一个个具体的数字化场景当中，通过新技术整合用户数据，基于用户数据洞察新的消费场景，从而构建新场景下用户体验的完整解决方案。这种解决方案旨在与用户形成更紧密的交互，并在交互中输出新的意义和价值。

顾问式工作法有两个基础问题，就是回到了企业的基本功能——营销和创新，传统企业的经营结构有两个核心问题：一个问题是内部架构问题，创新和营销是分离的；另一个问题是外部架构问题，面向客户的需求链结构是分裂的。两个问题合并的时候，其实企业经营可以分为不同的经营场景，而场景是各自独立的，没有实现流程贯通。

数字智能化是企业成为智慧型组织的基础工程，数字智能化组织的构建，相当于企业重塑了自己的神经系统，工业时代的组织可以看成一种机械组织，而数字智能化组织，可以看成一种具备自我演化能力的生命型组织。因此，如果要问企业最痛的问题是什么，其实很多企业欠缺的是一场对数字智能革命的观念转变。

企业向数字化转型，并能够在场景数据驱动下实现业务正反馈的能力，是当今商业环境中一个极为重要且趋势性的发展。这种转变不仅关乎企业的生存，更关乎其未来的竞争力和可持续发展。

为了实现企业的管理流程贯通，使多场景经营问题之间实现横向关联，面对研发连接客户的问题，可以引入集成研发管理体系工具（IPD），面对营销体系的再造，可以引入从线索到现金流工具（LTC），等等。面对问题，顾问式组织首先思考的方式就是在全球去寻找最佳标杆（model administration theory），用已经经过验证的方式来推动企业具体问题的解决。而使用成熟的管理工具来改进企业流程，这就是顾问式工作法的一般路径。

这里问题就来了，为什么在一些企业内行之有效的管理工具，移植到另外一个企业当中就会水土不服呢？其实这需要解决问题背后的问题，也就是首先要完成企业多场景数据的实时贯通。在 20 世纪八九十年代，只有大企业才能够投入巨资进行数字化组织建设，而在今天，只要中小企业愿意，可以借助通用数字智能化技术，迅速搭建数字化组织的框架，并能够运行起来。在数字化架构基础上，这些管理工具才能够运行起来，实现全场景客户需求劳动企业的整体流程。

在此，笔者想用一些案例来说明管理工具使用有效性的问题，管理工具使用是有背景的，我们在管理咨询项目开展的过程中，接触比较多的大型民营企业，其中有相当一部分实际上算是家族企业。在建立数字化组织的过程中，就会发现很多问题，举例来说，这些企业的管理者普遍缺少系统性的建制决心和建制能力，在家族产业继承的过程中，依然有一朝君主一朝臣的治理结构，这和数字化组织天然需要透明化和扁平化的管理结构是对冲的。

管理工具在民营企业内部起作用的过程，首先需要管理者接受管理工具蕴含的管理思想，而管理思想多数冲击的就是管理层本身，比如，流程管理的本质是将权力放进流程，这是企业"民主化的改革"，涉及价值观层面的转变。其次才是引入工具，寻找正确的变革方法，找到新的权力结构，也就是对于整体数据的实时把握，从旧的权力结构演化到新的权力结构，这是中国民营企业在代际传承中遇到的大问题。

在一些民营企业中，家族中的人和外聘管理者及员工，依然存在"贵族—平民"的二元结构。特权有动机对于全场景数据流通进行阻断，同时，这样的管理结构很难引入类似于罗伯特议事规则这样在全球普遍使用的共识达成模式。企业能不能够"公正、高效与民主"议事，其实决定了企业的未来。因此，全场景数据驱动看似简单，其实背后是公司治理的基础问题。

全场景数据驱动针对企业具体问题的解决。以往，企业在进行管理变革实现企业增长的过程中，依靠的基本工具也是全景经营数据分析和多层次对话，对企业的经营问题进行诊断，现在顾问式工作法让企业流程之中的每一个人都像顾问一样工作，进行数据洞察，对于业务市场的转变进行及时反馈。这能够帮助企业发现业务流程中的瓶颈和冗余，通过优化流程、提高效率来降低成本、增加收益。同时，数据还能为企业提供丰富的市场洞察和消费者行为分析，指导企业制定更加符合市场需求的产品和服务策略，实现精准营销和个性化服务。

2.探索最佳问题和要素排序

顾问式工作法和数字智能化组织之间有着天然的亲和性，我们在前文已经做了阐述。而在本节文字中，我们将要面对企业发展过程中的最大卡点，并且用战略执行来消灭卡点。

数字化组织自带分析系统，这是数字智能化的优势。人工智能能够在庞大的数据中进行数据清洗，将有益的数据实时呈现，这对于企业的经营至关重要，而在以往的经营模型中，这些常态化的全局分析往往由顾问公司里的会计师完成。顾问式工作法要求企业经营自带顾问能力，自己能够产生反馈回路，进行自我修正，每一个员工都自带修正能力，这样的企业经营会很省力。独立观察和独立思考，将问题和观察到的现象归集起来，这是群体智慧产生的基础。

对顾问式企业组织来说，需要秉持一个态度，那就是好问题胜过好答案；对顾问式工作法来说，企业需要做一个面对问题的组织，而不能成为一个捍卫答案的组织。问题总是通往未知之路，企业在进行战略发展的过程中，最重要的事情是带着好问题，调研出一个战略远见，而不是发明一个战略远见。

最佳问题往往非常朴素，比如，我们在和企业进行调研的过程中，一位核心团队成员提出了针对企业的问题，而成为最佳问题：我们现在的行动计划是什么？我们未来的行动计划是什么？

然后我们经过全员讨论，得到了一种行动共识，企业在短期框架下聚焦于现金流的健康和稳定；在长期的框架下聚焦解决企业的一个战略瓶颈问题。用战略财务预算将现金流业务和战略执行目标结合起来，进行月度、季度、半年度成果复盘。

这段文字其实涉及了企业运营平衡的关键问题，对企业普通员工来说，可能不理解复杂的管理学理论，但可以在讨论中，达成群体共识。我们能够在这样的话语里，看到经营系统和变革系统之间的平衡关系。

笔者还是要举例来说明现实和远见的价值。我们接触了很多规模型家族企业，他们有一个普遍的诉求，就是如何追求企业的持续卓越，如何做一家百年企业。现实追求和远见追求是他们自己提出来的问题，而事实上这个问题在转化之后，又变成了"增长、成长和生长"的关键词。"增长"偏重数量变化，"成长"注重质与量的全面提升，"生长"则特指生物体的自然发育过程。家族企业立足于量变增长，成长强调的是一种质变的过程。而成长需要这个家族企业一直具备精神活力，不能出现领导力的衰退，百年企业是一代一代适应环境的物种，由小到大、由简单到复杂的发育过程。它侧重于描述生命体的自然演变和发展。对于家族企业的传承和发展，有必要抛弃一些旧的思维模式，为家族企业发展，提供一个企业基本法。在接触这些企业的过程中，笔者深深感受到，每一个企业都需要一个基本法。

所谓问对问题赚对钱，可能会有两方面的问题。一个是正向思考，建立正面清单，思考好企业必须做的事情。一个是运用逆向思维，想让一个企业如何快速毁灭，我们需要干些什么，以此形成负面清单。如果我们去深入了解咨询管理公司的工作方式，实际上，其工作开展的方式，就是一连串的正面清单和负面清单，这些血泪教训和成功经验来自几百上千家企业的共同实践。

比如，顾问公司在帮助企业修正行动计划的时候，一定要求企业实现资源聚焦，在关键领域拿到关键成果。这就是经营第一条原则，谁都是要遵守的。同时，顾问团队一定会通过反向诊断，找到企业最快毁灭的方式，比如激进变革，完全抛弃最擅长的领域，去做不懂的事情；或者资源分散，兵分几路，企业同时做几件事，这也是毁灭企业的好策略。发现企业遇到的最大的问题，其实就是企业的核心挑战。反向诊断，事前验尸思维模型，是顾问公司最常使用的诊断工具之一。

最佳问题能够识别决定企业生死存亡的关键问题，关键问题出来之后，就需要寻找企业战略经营的共识，对于顾问式工作法如何在企业内得以实施，正如笔者在前文已经阐述过，顾问式工作法是一种广泛的对话机制，也就是一种调研机制。持续变革需要持续调研，内部共识形成需要一种对话和民主协商的机制，客户调研得到的共识性认知要成为企业向未来发展的指引。变革组织将企业总体的认知升级作为一个系统工程，因此，战略决策就是一种广泛讨论的工程，参与者不再是局外人，员工会为自己的行为辩护，赋予员工变革者身份，这能够起到稳定军心的作用。

经营共识可以形成行动计划，而行动计划的本质就是要事优先。战略执行之前都有一个企业的资源盘点和要素的重新排序问题。对于这样的一个经营过程，小企业的决策机制往往比较简单。大企业的决策机制，往往需要一个符合规范的流程。不能小看这样的流程，真正按照流程走的大企业，很少会犯战略错误。

关于企业的要素排序，企业领导者的领导力非常关键。在所有的战略要素当中这是排在第一位的要素。领导者需要和企业整体的领导力形成一种合力，这是有力量的一种管理方式，这考验着企业领导者的战略眼光和格局。在数字智能化时代，开放式的领导力已经成为一种经营常态。

关于企业资源要素的排序，在这里笔者讲一个具体的案例来说明。

这是一家知名的社区零售企业，在变革过程当中，对于企业的资源进行盘点，发现管理系统并没有将终端客户放在第一位。这家传统的零售商，原来的业务主要是供应链管理，流程是这样的：采购经理和供应链上的伙伴，将产品运送到自己在全国的门店当中，通过现场销售人员将产品卖给客户。

现在在数字化系统里，他们发现制约企业发展的根本问题是客户的规模，人是最重要的。企业数字化转型已经进行了十年之久，客户被导入一个可以互动的数字化场景中，基于数据推送商品和服务。

定义客户为企业最有价值的资产，这是价值观层面的彻底改变。客户需要被导入一个企业可以互动并靠习惯连接的场景当中。企业对客户重新进行画像，定位客户为社区数字化消费者。企业通过数据了解消费者的需求和偏好，提供个性化的商品和服务。以前的整个工作围绕着门店展开，现在的主要工作围绕着数字化场景和消费行为展开行动。企业用数字化系统覆盖连接了供应链，可以快速响应客户的需求。这些产品和货物更多存储在企业的物流仓库当中，并且能够被快速投送到顾客的手中。

现在数字化场景是企业展开业务的主要方式，就是基于企业的数字化平台，开展多种业务，基于客户的生活方式展开服务，践行"将所有商品卖给一个人"的新理念，通过细分数据来细分市场，为客户提供更加精准和贴心的购物体验。这和数字化顾问谈及的"人—场—货"的资源要素排序内核是一致的。

3.基于系统性问题和具体问题的双向贯通

有一些企业的管理者，在企业导入数字化系统之后，发现很多员工是抗拒使用的，而且短期之内，也没有如愿让企业变成一个"数字化组织"。因此，这些管理者也就认为数字化组织不过如此，其价值名不副实。

在笔者看来，这就是顾问式工作法的缺失，每一个系统性的管理工具的导入，导入的过程实际上都是一个文化的过程，然后才是管理的过程。顾问式工作法强调的是两手都要到位，硬的要硬到位，软的也要软到位。导入阶段都是从软系统开始的。

举例来说，华为对于流程式组织的管理变革，到现在为止，已经连续进行 29 年了，对华为的战略管理者来说，到今天还是在路上。实现端到端的管理能力，形成"一江春水向东流"完整体系构建，是若干管理系统和管理工具的集成体系，一直都在迭代优化的路途上。

顾问式工作法不是自上而下的管理模式，而是一种基于对于经营真相和本质的追求，以"实事求是"为内核的组织架构的建设。在当今复杂多变的管理环境中，实现系统性问题与具体问题的双向贯通，是提升组织效能、促进持续发展的关键路径。这一理念强调，管理者需具备宏观与微观并重的视野，既要能洞察全局性的系统挑战，又要能精准把握并解决实际运作中的具体问题。

数字化组织需要成为智慧型组织，就需要打造"透明化组织"，企业智慧的来源是透明文化，信息运作的透明化推动了企业内所有的人认知匹配，这是商业运作实现可持续的根基。与企业内部运作有关的所有信息全部在系统内流动，与客户相关的每一个操作步骤都做到透明。在关键成果管理（CSR）体系之中，一位员工可以翻阅直属管理者到公司 CEO 的工作目标和关键成果，彼此知道多层次的协作者都在干什么，信息透明之后，岗位工作才能够在实践中，实现对齐。管理者需构建全面的认知框架，运用系统思维分析问题的根源与影响，制订跨部门、跨层级的综合性解决方案。这要求组织内部建立高效的沟通协作机制，打破信息孤岛，促进资源共享与知识流动。数字智能化就是用技术系统来推进透明文化建设，这是数字化的目的。

图2-2 透明化组织模式

对于"透明化组织"，笔者想要做简单的解释。100 多年前，美国社会学家马克斯·韦伯认为，科层制组织带来的现代性，倾向于消灭创造性强者，过度的体制化会为组织成批制造无数名弱者，官僚体系会追求自身的稳定和利益本位，突破者在多层级的组织中不受欢迎。如果我们观察美国和中国近三十年的管理制度的演化进程，会发现都是不想埋没人才，给人才一个向上的空间。高技能人才真正成为企业价值创造的主体，企业管理要适应这个新的竞争环境。数字智能化组织带来的技术透明，能够一定程度上用技术本质对冲官僚化，消除公司政治。对中国的家族企业而言，家族成员不再享受特权，而是在技术透明之下，衡量出每一个人的贡献。

信息贯通是打通"部门墙"的前提。系统性问题往往涉及多个部门、流程乃至外部环境的相互作用，它们错综复杂，难以通过单一手段或局部调整轻易解决。企业整体系统透明，结合数字化的组织带来的"精确性组织"，在动荡的市场里，企业能够保持内部系统的协作精确性，这是数字化组织的又一个优势领域。

因此，解决系统问题的价值就是赋能于每一个员工，让员工在处理具体问题的时候，能够获得企业的整体助力。具体问题的快速响应与有效解决，不仅能够直接提升运营效率与服务质量，还能为系统性问题的解决提供实证数据与反馈，促进管理策略的优化调整。

我们还是需要总结一下，如何借助团队、技术和文化的力量，将抽象的系统思维变成企业需要挑战解决的系统性问题；把企业遇到的具体问题变成解决方案和行动方案。善于将思维转化为问题，将抽象的价值观变成具象的行动方案，这就是顾问式工作法的基本内容。

第一点，战略战术同频在于创立一个系统结构，留下给每一个岗位的系统接口，每一个员工不仅是业务领域的专家，也需要成为系统的有效数据生产者，顾问式组织都是双重身份，既有业务贡献，也有数据和智慧贡献。

第二点，在透明化组织之上构建基于数据驱动的精确性组织。作为以人为本的组织形态，需要企业的经理人和团队成员拥有相同的信息权，信息平权是打造顾问式组织的基本行动。数据驱动的组织减少了中间信息沟通的衰减效应，对企业这种整体动态移动的系统，需要一个精确协同和资源配置的过程，基于数据，每一个人都能够迭代自己的工作，让工作变得更好。

第三点，同步的价值创造与评价机制，意味着在系统之中，总是有一位价值判断者存在，评价系统已经沉入软件层，能够保持系统的中立性。

这种自我监督的体系，一方面来自经营的结果，一方面来自数据智能系统的自我检查，这可以让企业抓住主要矛盾，放大关键成果。

第四点，数字化组织的目的是通过行动计划打通双向贯通的流程。顾问式组织强调文化共情能力和协作精神，战略执行以团队为基础，保持默契和聚焦统一目标。双向贯通是连接系统性问题与具体问题的桥梁。这意味着管理者需同时把握宏观的系统视角与微观的具体细节。系统性问题要求全局思考，综合考量各要素间的相互作用，制定长远策略；而具体问题则强调快速响应与精准解决，确保日常运营的顺畅。

回到基础管理学，系统运作的基础规律是平衡与融合。一方面，通过系统性思维洞察全局，避免局部优化带来的整体失衡；另一方面，紧密关注并解决具体问题，为系统性策略提供实证反馈与调整依据。这种双向互动不仅提升了管理效率，还促进了组织的持续学习与进化。

只有战略资源实现聚焦的组织，才能够做到端到端的服务能力。只有把战略、组织与人良好地匹配在一起，企业才能进步。

4.对于真实需求的追寻永不停息

企业要成为顾问式工作法的贯彻者，在文化价值观的构建上需要一条：直面事实，绝不躲闪。

很多企业都将"求真"作为企业文化的训条，但真正做到这一点的并不多。有的企业虽然口头上强调求真，但在实际操作中却往往因为种种原因而偏离了真实的轨道。这样的企业，其内部充斥着扭曲的信息，不仅无法拥有有效的洞察能力，更无法做出基于事实的决策。

顾问式工作法中有一点，就是对自己诚实，顾问式组织也遵循同样的原则，需要建立一种诚实文化。构建真实文化，这是企业实现价值洞察的基础。段永平评述一个本分的企业家应该有以下几种品质：本分，不说瞎话，不做不懂的事情。

靠扭曲信息和虚假信息建立不了数字化组织，数字化的本质是要呈现真实的运营状态。笔者认为，对一家咨询管理公司而言，一旦对客户作假，放弃真实，逢迎客户，回避关键挑战，这家企业其实就失去了市场价值。当然，沟通有策略，但不能误导客户。

传统的科层制管理模式往往导致信息传递的延迟和失真，使得企业难以快速、准确地把握市场动态和客户需求。为了打破这种局限，这些企业开始寻求数字化转型，通过技术手段实现信息的快速流通和精准分析，从而获取真实的市场数据和客户反馈。很多企业在数字化之后，变成了数字化管理组织，其实管理工具和技术工具根本不能替代价值观和职业伦理，对此，顾问式工作法将寻求真实作为工作铁律。这不仅仅是对信息真实性的要求，更是对企业文化的一种深层次要求。求真意味着企业管理者必须追求事实真相，拒绝虚假和掩饰。这种文化需要在企业内部得到广泛认同和推行，从高层决策者到基层员工，都要认同这一理念，并将其作为行动的指导原则。

比如说，华为有一个发言的基本方式，自夸不能超过三句话，第四句就要说问题，其实也是求真文化的一种表现。亚马逊创始人贝索斯说："人们不喜欢听真话，在原始部落里，讲真话的人，夜里会被人用棍子敲死。"这句话说明，在大企业中，讲真话并不容易做到。

企业所处的市场环境复杂多变，各种信息纷至沓来，企业管理者若无法准确把握这些信息的真实性和有效性，就很难做出符合市场规律的决策。尤其在现代商业环境中，市场的不确定性和竞争的激烈程度日益增加，企业的生存和发展越发依赖决策的科学性和正确性。因此，企业必须建立一套以求真为核心的管理流程，将这一理念贯彻到经营的每一个环节，从而确保决策的准确性和有效性。

大部分没有严格信息管理的企业都会遇到员工瞒报真实信息的情况。例如，市场调研中的数据误差、内部报告的偏差，甚至是信息传递过程中的失真。这些扭曲可能是无意的错误，也可能是各种内部利益关系或个人因素所导致的主观偏差。

这种信息扭曲可能发生在信息的各个层级。例如，错误的市场需求预测可能导致过多的生产库存，进而导致资金占用和产品滞销；或者因为对竞争对手实力的误判，导致在市场竞争中处于劣势。此外，即使偶尔侥幸成功，由于决策基于错误的信息，其成本结构往往是高昂的。这样的成功往往是不可持续的，不具备可复制性，且容易带来盲目的自信和后续决策的风险增加。长期来看，这种情况将对企业的健康发展构成极大的威胁。

顾问式工作法要求建立一整套保持真实的流程体系，将纪律贯穿其中，这是一种建立共识的过程，所有人都参与到议题之中。

正如华为在 20 世纪 90 年代编写《华为基本法》的时候，光意见书就堆了一米多高。保持真实不仅是流程制度体系，更是文化体系。

再如，在接触客户的过程中，市场调研环节是获取真实市场信息的第一步。企业必须建立科学、系统的市场调研机制，通过多渠道、多维度的市场分析，确保所获取的信息具有高度的真实性和准确性。市场调研不仅仅局限于数据的收集，还应包括对数据的深入分析和解读，识别出隐藏在数据背后的市场趋势和消费者需求。企业必须确保销售人员在推广产品时，向客户传达的是产品的真实信息，而非夸大其词的宣传。只有当客户基于真实的信息做出购买决策时，才能建立起对企业的信任，从而促进长期的客户关系建设。

同样在产品研发阶段，求真体现在对市场需求的精准把握和对技术可行性的严谨评估。企业必须确保产品设计符合市场实际需求，而不是凭借臆测或个人偏好进行研发。同时，技术的可行性评估也必须基于客观事实，确保产品在生产过程中能够实现稳定、高效的制造。

在生产制造环节，求真同样至关重要。制造过程中的每一个环节都需要严格控制，确保产品质量符合设计标准。任何对生产工艺的偏离或原材料的低劣替代，都会导致最终产品质量的下降，进而影响市场口碑和企业声誉。因此，企业必须建立严密的质量控制体系，从原材料采购到生产加工，再到最终的质量检验，确保每一个环节都以真实为基础，不放过任何一个可能影响产品质量的细节。

价值交付是一个端到端的完整系统，追求真实，是一个起点，也是一个终点。

5.知识传递工程中的启发者

顾问将自己定位为"价值发现者"而非"价值创造者"，这一底层逻辑反映了顾问工作的独特角色和核心职责。比如，作为外部顾问，他们能够以更客观和独立的视角审视客户的业务。这种外部视角使得顾问能够发现客户内部视角下可能忽略的机会和风险，从而为客户提供独到的见解。

在企业内，引入顾问式工作法，需要企业拥有一个审视自己的视角，这是进行独立思考的前提。知识传递过程中，充满了批判性和独立思考，顾问式工作法就是如此。

在企业内部，管理者和员工通常承担着"价值创造者"的角色，他们通过具体的执行和操作，将战略转化为现实，创造实际的经济价值。相比之下，顾问更专注于战略性建议和方向性指导，不直接参与执行，这使他们在某种程度上保持了"价值发现者"的角色。

顾问的职责通常在于提出解决方案和建议，而不是负责实施这些方案。通过定位为价值发现者，顾问能够更加专注于提供高质量的战略建议，而将价值创造的具体实施留给客户。这种责任的界限有助于避免顾问在执行层面上的直接干预，从而减少冲突和责任纠纷。

顾问和决策者最大的区别在于顾问可以拿出好几套方案，但决策者却是要拿企业有限的资源去做冒险，这是"谋"和"断"的关系。企业引入顾问式工作法，需要企业决策者能谋能断，这其实是一个高要求。但数字化和"求策于众"，也给了管理者新的领导方式。

在今天，我们谈商业想象力和创意的时候，其实不需要做一个发明者或者创意者，而是做一个发现者，这是更好的策略。发现什么是真正让客户头痛的问题，这就是要求企业组织资源要去攻克的堡垒。

决策是很难的事情，经营就是一场冒险，顾问作为"谋士"需要深度理解企业家精神。战略就是要解决困难，并且要长期和困难共存，要忍受克服困难过程之中的痛苦，这就是变革的阵痛。企业战略执行过程之中，碰到一些问题，马上就退缩，那么变革就很容易失败。克服难题的过程是一个时间周期，领导者在这个时间周期内，要有一定将事情干成的魄力，要有战之必胜的心态，对于组织变革相当重要。

顾问会提供心智领域的支持，顾问式工作法追求的工作方式，是不要将变革管理单独拿出来，成为一项企业搞运动的形式，而是真正存活于企业的经营管理之中，成为一种日常行为。对于成熟业务和战略发展的双重任务，能够做到平衡。也就是说，顾问式组织不存在变革期，企业所有的存续时间都是变革期。因此，在这样的企业组织当中，所有人谈及的问题，是行动计划，而不是遥不可及的愿景和使命，愿景和使命就在每一个行动计划当中。

寻找关键问题，是一种顾问式管理方式，对于现在动荡的世界局势，企业需要破解一些发展瓶颈才会继续发展下去。但凡企业失去增长动力，很可能就是在过去的发展进程之中，有意避开了难题，拣软柿子捏，其实，是企业决策团队对于最佳问题的认知不对，错误地分配了资源。

顾问的首要职责是帮助客户识别问题和发现机会。他们通过系统性分析和专业知识，揭示出客户组织中隐藏的问题和潜在的改进机会。这种"价值发现"是顾问工作的核心，因为客户自己通常可能难以看清问题的本质或识别出尚未开发的潜力。顾问通过发现价值，帮助企业重新定位资源、调整战略或优化流程，从而间接推动企业创造更大的长期价值。虽然顾问不直接创造价值，但他们的发现和建议往往能够引导企业走上更高效的价值创造路径。

通过价值发现，顾问能够激发企业内部的创新潜力。顾问的外部建议可以为企业注入新的思维方式和创新思路，从而引导企业自身的创新和发展。

客户聘请顾问，往往是为了获取专业的意见和独特的视角，顾问的定位应该是帮助客户发现并理解问题的本质，而不是代替客户解决问题。这种定位使得顾问的建议更具有战略性和独立性。客户期望顾问通过发现隐藏的价值点，帮助其提升整体业务的效率和效益。这种提升不一定是短期的价值创造，而可能是通过长期战略的调整和优化实现的。

每一个工作，都有其价值的边界，顾问需要通过有效的沟通和影响力，确保客户能够正确理解和采纳其建议，这对顾问的沟通技巧和客户关系管理提出了较高要求。顾问的成功往往依赖于客户的执行能力和对建议的采纳程度。

如果客户未能有效执行顾问的建议，顾问的价值发现就可能无法转化为实际的价值创造，这也是顾问工作中的一大挑战。这个时候，顾问也需要反思，自己的知识传递流程，是否违背了"从实践中来，到实践中去"端到端的基本原则。

6.企业顾问能力压向一线工作场景

顾问式工作法强调让离问题最近的人提出解决问题的建议。这句话在表达的时候，只是一两句话，让听到炮声的人指挥炮火；未来的战争是班长的战争。在企业的经营实践之中，赋权给一线，其实是最难的一件事。

比如，一位上市企业的领导者，在听完了所有的顾问报告之后，和项目团队的领队进行了一次长谈。他说："对于企业流程的变革，道理我都懂，但鉴于我们公司'藩镇割据'的现实，提议我理解，这些管理系统都可以执行下去，但有一个前提，不能弱化我的决策权。"

在前文中，我们已经探讨了价值链上权力的转移，价值链上的权力已经转移到最终的客户和消费者手中，因此，在企业中，想要完整集权的管理者事实上就变成了现实的"遗老遗少"，当决策需要面对每一个具体的应用场景的时候，高层管理者是无所适从的，只有改变角色，才能够完成组织结构的转变。中高层管理者的角色可能更多地转变为支持者和指导者，而非传统的决策者和指挥者。他们需要为一线员工提供资源、培训和战略方向，同时保持对整体运营的掌控力。说到底，这并不是在剥夺他们的权力，而是面向现实，重新平衡企业的决策权分布，系统决策权归企业高层管理者，具体场景的事务决策权下放到与客户接触的一线。

顾问式工作法强调在文化和管理两个层面解决企业变革的阻力问题。文化是一个文火慢炖的过程，也是潜移默化的过程，顾问式组织要有文化和价值观管理的自觉。改变企业文化需要好几年时间，并不是每一个员工都喜欢权力，权力的另一面就是责任，将重兵压向一线，其实意味着在客户的接触面上，需要有很多领导者负起责任。

客户一线团队实现资源的调配，通常需要企业在管理文化上做出相应的调整。例如，建立更开放、更赋权的文化环境，以支持一线员工的自主决策。这意味着企业需要重新审视其管理体系，确保其适应这种新的运作模式。

重兵压向一线的管理模型，事实上是"现场管理"模型在信息智能化时代的演化。在阿富汗战争之中，作战在最前沿的美军，是大约90个三人小队，每个小队包括一名信息情报专家、一名火力炸弹专家和一名战斗专家。

一线的敌情是瞬间变化的，比如，敌人是几台武装车辆，以什么样的方式行动，目标是什么，远在本土的"信息中心战"中心的将军们和战区的战役指挥官们是看不到的，如果还是层层报告，等待战役指挥官下达攻击命令，这样的长回路，必然导致战机的丢失。

而三人作战小队中，一旦在战场重要节点附近发现目标，现场就会立即采取行动，信息情报专家用先进的工具确定敌人的集群、目标、装备及方向等，火力炸弹专家配备炸弹、火力并计算出需要的作战方式，按授权的许可度，用通信工具呼唤炮火，不需通过上报等待上级的决策。现场的战斗专家则负责整个小队的安全，在完成一场战斗之后，评估战斗成果，并指挥小队回到安全区域。

在信息透明的战场上，已经没有整体的集群进攻和防守，战场变得碎片化，前沿的战斗处置权都已经前置，可以理解为一个多点关联的战斗网络，以无人机引领的数字智能化战斗场景，对传统的作战体系形成了巨大的观念冲击。

回到企业运营的场景，一线员工是企业与市场、客户接触的最前线，在面对不确定性时，他们可以最直接、快速地感知市场的变化和客户的需求。这意味着将更多资源、决策权和支持集中到一线，可以让企业更灵活、迅速地调整策略，从而提高应对不确定性和市场波动的能力。

在不确定环境下，客户需求往往变化更快且难以预测。集中资源于一线，使企业能够更快速地响应客户需求，提供更个性化的服务，从而提升客户满意度。这种客户导向的策略对保持市场竞争力至关重要，尤其是在客户期望高的行业。一线员工直接与客户互动，拥有更多机会去建立和维护客户关系。在不确定的环境中，稳固的客户关系是企业应对风险的重要资产。将资源投入一线，可以帮助企业加深与客户的联系，增强客户黏性和忠诚度。

过去企业高层管理者能够掌控整个企业业务系统，看到大进大出的运营体系，其可以理解为一个单一的经营闭环，而现在，企业的运营系统是无数个小的价值闭环系统，是一个价值矩阵体系。传统的决策模式通常需要经过多层级的传递，这样会导致信息滞后或失真。将重兵压向一线，能够减少信息传递的层级，提升决策的效率和准确性。企业可以根据一线反馈做出更快的反应，避免错失机会或扩大损失。

顾问式工作法强调一线专家服务，美军在阿富汗的战斗小组，三人均是专家，这是企业承载战斗决策权的单元。专家能够对目标项目进行增益优化，这其实就是一种微创新，赋权一线也能够激发基层的创新潜力。在不确定的环境下，前线员工往往更能够发现业务中的新机会，并提出创新性解决方案。集中资源在一线可以为这些创新提供支持和加速落地的机会。

优秀的专家在客户一线出现，往往自带战略视角和全局意识，避免一线出现短期行为，将重兵压向一线的同时，企业需要专家的反馈和顾问能力，确保一线与中高层管理层之间的紧密协作，避免出现战略和执行脱节的现象。

将重兵压向一线，赋予他们在具体业务中的决策权。这种赋权不仅可以激发员工的主动性和创造力，还能提升一线的执行力，使企业能够更快速和有效地落实各项战略举措。

第三章

受托人的工作伦理

1.商业回归到委托和受托关系

一种普遍的职业形态的转型，其背后必然包含着工作伦理的变迁。在商业中，基督教商业文明对商业托付关系有一句话："客户是上帝。"而在东方文明当中，以稻盛和夫为领军者的学派经过了深度思考，基于对"托付即因果"的深度理解，同样提出了"客户即神"的简洁理念。

例如，在金融服务行业，投资者将资金交给投资经理进行管理；在医疗服务领域，病人将健康问题托付给医生诊治；在法律服务中，客户将案件委托给律师处理。这些关系的基础在于信任，即委托人信任受托人具备相应的专业能力，并且会按照委托人的利益行事。

但是，在现代商业社会中，商业活动越发复杂，形式多样，很多商业关系变成了一纸经过精心剪裁的合同。有些委托关系远远超越了商业的范畴，表面是商业交易，但有时候，客户托付的是身家性命，面对这样的商业场景，构建专业人的工作伦理，并且重建组织的价值观伦理，是经济社会的底座工程，基础不牢，地动山摇。

在本章中，意在为顾问式工作法提供一套完整的伦理体系，原因在于，在职业生涯中，商业组织都在遵循着"价值最大化"唯一道路，而将价值观和工作伦理当成一场儿戏。几乎所有跟商业相关的文学作品，为了制造情节冲突，都将"工作伦理"当成可以把弄的对象，以揭示人性不可信任的内核。

但是企业是一定要成为价值观组织，变成能够解决问题的顾问式组织，在世俗社会里，不能再靠"举头三尺有神明"的说道来解决职业伦理问题。而在新的商业环境之下，成为掌握某一类专门知识的专家，能够解决客户的问题，这就是一种专业主义的伦理，以解决客户问题的能力为伦理的准绳。

让我们回到商业的本质，社会化大生产之后，产生了极为精细的职业分工，分工的背后就成为一个一个专业的"知识竖井"，因而产生了广泛的商业委托关系。委托人与受托人关系（Principal-Agent Relationship）是经济学和管理学中的一个基本概念。委托人是指需要某种服务或完成某种任务的人，而受托人则是承担这项任务或提供该服务的人。委托人因自身资源有限、专业能力不足或其他原因，将某些任务委托给具备相应能力的受托人，期望通过这种合作关系达成目标，实现价值交换的目的。

专业分工和利益系统推动了工作效能的提高，让社会成为一个互利社会。"人因自私而利他"成为一个基础假设，前提是参与分工的每一个人都是价值主体和专业主体，靠其独特性来服务客户。但专业分工也会带来一种信息不对称的普遍情况，信息不对称的专业之间，需要一种"慎独"的自我管束，这就是一个专业人只能去赚他职业价值观和职业伦理允许他赚的钱。

信息不对称也可能带来自由竞争领域的"互害社会"，信息不对称是委托人和受托人关系中的常见问题。例如，医生拥有更多的医学知识，而病人往往只能依赖医生的诊断和建议；投资经理拥有更多的市场信息和专业知识，而普通投资者对金融市场的了解可能相对有限。这种信息不对称可能导致受托人利用其信息优势，做出损害委托人利益的行为，如过度治疗、隐瞒重要信息或在金融领域进行道德风险操作。

那么，中国企业有没有职业伦理的构建模型呢？对一个职业顾问来说，一个很常用的思维方式，就是以开放的态度，寻找谁在这个问题上做了最好的回答。这里可以总结为一句金句："磨好豆腐给最亲的人吃。"这是华为创始人任正非在一次谈话中说出的，虽简短却蕴含深意，对中国商业的职业伦理构建具有多方面的价值。其完整的原话是："50亿以下的企业无须讲什么哲学和商业模式，就是磨好豆腐给最亲的人吃。"

这句话蕴含了很多商业原则，做企业，不要迷失自己，追求过度扩张，追求规模、速度或复杂的商业模式，忽视了最基础也是最重要的因素，而应该提供高质量、有价值的产品或服务。这种回归本质的态度，有助于企业在激烈的市场竞争中保持清醒，坚守初心。回归到产品和服务本身的质量与真诚上，才是一个企业的本分。

在商业行为中看得见合同，但看不见人心。企业需要建立自己的价值观，成为价值观和职业伦理引导的组织。至少要做一个有人性的组织，企业不仅在法律框架内行事，更要在道德层面追求卓越，确保产品和服务的安全、可靠，对得起消费者的信任。

在前文中，我们已经描述了顾问式组织的求真文化，求真是专家文化的基础。抛弃人为制造信息不对称的欺骗和扯谎行为，通过顾问式沟通提供完整信息。在委托人和受托人关系中，信任是双方合作的基石。通过建立信息对称、平衡权责和明确伦理规范，商业服务才能真正体现其价值，维护客户的利益，实现企业的可持续发展。

受托人职业伦理，在于能力能够匹配解决客户的问题。顾问式组织需要专注于自身能力建设和对市场需求的精准把握。这种务实的精神，有助于企业构建简洁高效的管理体系，减少不必要的成本浪费，集中资源于核心业务的发展，从而在竞争中脱颖而出。

2.内驱力替代外驱力

顾问是分析系统和发现系统新连接的专家，顾问式组织也必然是学习型组织，这是职业伦理决定的。作为受托人，当客户企业开始委托顾问公司来协助问题的时候，客户可能会因为顾问公司的平庸而付出代价，顾问式组织天然都是反平庸的。

一位医疗专家说："学医的道路很辛苦，需要学一辈子，无论之前有多少专业知识和临床经验积累，当直接面对病人无助的眼神时，我就感受到自己的无能。"

一位咨询管理公司的管理者说："无论在人生选择方面，还是个人努力方面，有两个关键点，导师的智慧和自己的热爱是前置的。中国中学生数学竞赛世界一流，但过二十年再看，那些优胜者在中年之后，成为世界级数学家没有几个，这就是一个问题了。实际上，对于一件事情，不热爱是不主动的，也是坚持不了几年的。努力坚持三十年，热爱可以开启智慧，早晚会成为卓越人才和不可替代的人。卓越人才不会在小圈子里自我满足，他们永远会全球对标，知道自己的专业水准几斤几两，行业全球前五十位专家都在他的对标之列。这项事业的起点在哪里，终点在哪里，他都很清楚，这些持续的热情和作为，才是优秀之道。"

对一名顾问而言，只有付出极致努力，加上正确的努力方法，才能够做到卓越。顾问式组织都强调自我管理，一群自律的人构成一个自律的组织。让自己拥有服务客户的能力，辅助客户解决挑战性问题，对于知识积累和创造热情的需求几乎是没有止境的。

笔者刚入职管理咨询行业时，导师就在价值观层面提出了一系列的要求，一是坚守职业道德；二是坚持高水平的努力。导师将职业修养放到了第一位，他认为这是内驱力的来源，也是终身奋斗者热情的来源。

顾问必须保持高度的职业道德，坚持诚实守信。这包括对客户的承诺、保密义务，以及在提供建议时的客观公正；顾问需要始终把客户的利益放在首位，避免因利益冲突或个人偏见而影响判断；顾问应具备强烈的客户服务意识，能够从客户的需求出发，提供量身定制的解决方案。这要求顾问深入理解客户的业务、文化和挑战，并展现敏锐的商业洞察力。

关于坚持高水平努力，就是和高水平团队在一起，理论与实践相结合是提升分析能力的最佳方式。同时，最有生产力的人都在使用前沿的管理工具，未来，最好的顾问都是和 AI 一起协同工作的人，并且做 AI 不能够做的事情。现代顾问式工作离不开数据分析。顾问应具备强大的数据处理和分析能力，能够通过定量和定性分析来支持决策。这要求顾问熟悉相关的分析工具和技术，并具备对数据结果进行解读和推理的能力。

顾问应基于求真欲和求知欲，主动积极参与各种项目，尤其是那些具有挑战性的项目。在项目中，通过实际操作来检验和锤炼自己的分析能力，积累实战经验。自我反思是提高职业修养和专业分析能力的重要方法。顾问应定期回顾自己的工作，反思在项目中的表现，识别需要改进的地方。同时，通过与同行或导师交流，接受外部的建议和批评，帮助自己发现盲点和不足。王阳明说"人在事上磨"即是如此。

现代商业环境复杂多变，顾问应拓宽自己的知识面，学习跨领域的知识。这不仅包括业务管理和财务分析，还涉及心理学、社会学、技术趋势等多方面内容。跨领域的知识可以为顾问提供新的视角和创新的解决思路。十倍速学习是顾问式组织的必然要求，顾问需要能够快速识别和定义客户所面临的问题。这包括从大量信息中提炼出关键问题，理解问题的背景和影响，并明确问题的本质。顾问的专业分析能力也体现在他们如何通过反馈不断改进建议和方法。通过与客户的互动，顾问应主动寻求反馈，并基于反馈进行调整和优化，以提高解决方案的有效性。

顾问式工作法的内核就是将复杂性留给自己，将赋能服务能力留给客户。这项工作复杂而且充满挑战，因此，在进行人才选择的时候，就需要甄选那些具备自我精进和终身奋斗精神的人。在知名的管理学专家拉姆·查兰的评估体系之中，他将热情放在卓越人才能力组合的核心位置。这种热情就是让客户变得更好的心智力量。

内驱力（Intrinsic Motivation）与外驱力（Extrinsic Motivation）是两种截然不同的激励方式。

外驱力通常是指外部因素对行为的驱动，如物质奖励、荣誉、职位提升等。这种激励方式在短期内能够产生明显的效果，但往往难以持久。顾问式企业的平均薪酬水平要远远高于一般行业，这是对于高挑战性工作的一种回报，在设计顾问式组织的时候，薪酬设计需要达到世界级水平。先满足物质需求，直面人性需求，不躲避不回避，而后再谈职业精神。优秀的企业都是一流的薪酬水平。

内驱力是一种源自个人内心的动力，它包括对工作本身的热爱、对个人成长的渴望，以及对挑战的主动应对。这种内在的动力不依赖外部的激励措施，而是由员工自身的价值观、兴趣和使命感驱动的。内驱力使员工在面对困难和挑战时，能够持续保持积极的态度，并且不断寻求自我突破。

一流的顾问认同自己的身份，身份带来行为的本分，也创造独属于自己的意义。挖掘深一点，自我身份认同让顾问不仅追求短期的成功，更关注长期的成长和持续的自我提升。内驱力帮助员工培养起一种强大的心理韧性，使他们在面对工作中的各种复杂问题时，能够冷静分析，积极应对，找到解决问题的有效途径。

在实际操作中，企业仍需要结合内驱力和外驱力，以达到最佳的激励效果。外驱力可以作为一种基础手段，确保员工的基本需求得到满足，内驱力则作为更高层次的动力，推动员工不断超越自我，追求卓越。在未来的商业环境中，那些能够成功激发员工内驱力的企业，必将在竞争中立于不败之地，成为行业的领导者和变革者。

3.成为专家才是合格的受托人

笔者在一些领先的战略咨询管理公司观察到：那些担任项目首席顾问的人，不仅在某一领域拥有过硬的专业技能，更重要的是在工作的每一个环节展现出高度的责任感和职业道德。真正的专家是看态度的，虔诚的服务精神来自心灵深处，而不是一种应付的姿态。

在项目进行的过程中，他们会自觉地将自己放在"间接领导者"的位置，这是一个清晰的专家定位。身份决定了目标，而目标决定了行动逻辑。

专家身份本身就画下了清晰的边界，专业人士的身份通常意味着他们在某一特定领域拥有深厚的专业知识和技能。拥有了边界，也就能够控制客户的期望值。"我只能为你做什么，系统性的决策还是你来。"这就是一种诚实的服务系统，作为受托人，这是合格的。顾问往往是通过在其专业领域内提供高质量的服务或产品来获取认可和回报，这样也是一种本分。

顾问在做一个项目和多个项目的过程中，会注重自己职业声誉的积累，这是一种内在要求，即我要协助你将事情做漂亮，你未来发展好了，是我的荣耀。比如，在全球的咨询管理公司里，有些企业擅长战略咨询管理，有些擅长组织发展及人才管理，有些擅长战略财务管理，等等。专业的顾问公司，其行动逻辑通常是基于专业技能的运用和持续的知识更新。这些专家顾问在服务客户的时候，他们重视细节，注重工作的准确性和质量，保证方案能够在客户经营体系之中落实下去。

专家也很容易陷入专业视角，即在我的一亩三分地上，我对得起委托人，对得起我给自己的身份定位。但在今天，所谓合格的受托人，是要在客户陈述问题之后，能让客户企业变得更好，解决目前的瓶颈。因此，咨询管理项目需要一位"间接领导者"的引领。

在服务过程中，首席顾问的身份决定了他们需要关注的是整个客户企业的运营和发展。他们的目标通常是通过推动系统层级的变革来实现利润最大化和长期增长。

首席顾问的行动逻辑更侧重于战略规划、资源整合和市场机会的捕捉。他们必须和客户企业领导者一起，时刻关注市场动态，快速应对变化，并在必要时协助做出风险较高的决策。首席顾问往往需要综合考虑客户运营系统的多个因素，如市场需求、竞争态势、供应链管理和团队领导等，这使得他们的工作具有系统性、更大的复杂性和不确定性。

合格的顾问式团队，其实需要以一种"系统对系统"的工作方式。最近十年来，很多全球大型客户对咨询公司提供的服务也颇有微词。其实问题就在这里，顾问式工作法强调将一流专家压到一线，至少有一定的精力放到一线，其实就是在尽一个受托人的责任。哪怕在一个客户企业推进营销系统的变革，其实也是多层次的沟通体系，战略沟通和具体系统方案及工具的导入，必然是一体的。

专业顾问通常在既定的框架内工作，工作流程和标准往往由行业规范、法律法规或企业内部规章所决定。因此，他们的行动更倾向于稳定性和规范化，以确保结果的可预测性和一致性。

系统性的顾问模式，强调系统和系统的对齐，也强调战略对话，追求在合作的基础上打破常规，走出一条新路，需要平衡短期收益与长期战略之间的关系，既要保持企业的生存，又要为未来的发展奠定基础。做正确事，将事情做正确，是一体化的系统，作为受托人，在今天的顾问工作之中，应该以此为起点。

顾问式工作法强调终身学习的观念不仅限于提升专业技能，也包括广泛的知识储备和跨领域的学习能力，实现系统级认知能力和专业能力的结合，新的顾问人才应具备宽广的知识视野，能够将不同领域的知识融会贯通，进而创新性地解决工作中的复杂问题。

4.建立信任和尊重的深层次关系

工业时代的完整价值体系是工厂，工厂的基础假设是规模化生产，降低成本。自由市场通过价格竞争，让消费者买得起产品。工业化伦理就是提供标准质量的产品，对于远在地球另一端的消费者，也提供标准产品，对其负责。

在服务业主导经济的时候，在服务业伦理中，要求人打破专业隔阂，对称性原则是指委托人和受托人之间的权利和责任应当平衡。这种对称性体现在双方的利益分配、风险承担和信息共享等多方面。

委托人与受托人关系的核心是信任，这种信任需要建立在信息对称的基础上。所谓信息对称，是指双方在信息获取和处理方面处于相对平等的地位。只有在信息对称的情况下，委托人才能做出明智的决策，而受托人也能合理、有效地执行委托任务。

这就是顾问式工作法回归的主要原因。在数字智能化社会和工业社会之间的过渡期，仍然存在着诸多的信息不对称行为导致的合作纠纷。

比如，在投资和并购过程中，几百页上千条的合同细则，如果扔给AI，可能在 3 秒之内就抓出所有的不合理条款，但给一个律师去审核，可能需要半个月的时间。在信息对称的决策过程中，人工智能使用算法和决策来分析信息并确定实现其目标的最佳行动方案。其实，信息对称的社会正在到来，商业的价值需要在技术透明化的新环境下重新生长出来。

顾问式工作法借助数字智能化平台系统，主动和合作方共享信息，这样做的目的是建立一种商业关系。在数字智能化时代，建立信任和尊重的深层次合作关系，沟通成本已经足够低了，我们的商业环境在主导方向上，不再是一个产品网络，而是一个价值关系网络。

这种关系网络的构建，第一，信任和尊重建立在彼此的透明度之上，透明度是减少信息不对称的有效手段之一。受托人应尽可能地向委托人披露相关信息，尤其是在重大决策过程中，确保委托人能够做出知情选择。比如说，金融行业中的信息披露制度、医疗行业中的病情告知制度，以及法律服务中的案件进展告知制度，管理咨询过程中，对客户真实问题的和盘托出，不夹带和隐瞒任何信息，都是透明度原则的具体体现。

第二，受人之托，忠人之事。忠诚度是受托人应具备的基本职业道德。受托人应始终把委托人的利益置于首位，避免利用信息优势进行不正当行为。在基金运营系统中，绝不是只看钱好赚不好赚，运营基金需要极其坚硬的价值观支撑。如耶鲁基金已故投资人大卫·史文森认为："耶鲁大学只会把钱交给有极高道德标准，同时遵守投资人职业操守，把受托义务置于首位的人。"

第三，专业性是受托人履行职责的前提条件。受托人应具备相应的专业知识和技能，并在提供服务时遵循行业最佳实践和专业标准。只有这样，才能确保委托人获得优质的服务体验，实现商业合作的价值最大化。

顾问的专业力量在这一过程中扮演了关键角色。客户在面对复杂问题时往往会感到不确定和焦虑，这时顾问的专业能力成为客户的安全保障。顾问不仅需要具备专业技能，还要能够通过准确的沟通和实际行动，帮助客户理解问题、制订解决方案并实施。这种专业力量不仅解决了客户的实际问题，还有效减轻了客户的心理负担，增强了合作的安全感。

第四，回到组织行为学的本质，任何伟大的事情都是私人推动的。私人关系的内涵不是讨巧，而是顾问需要通过深度沟通和知识共享来展示自己的能力，也能够展示自己身后的顾问团队。非正式关系沟通，能够增进人与人之间的信任。国内的一些投资机构正是通过一些野外荒漠戈壁长距离拉练活动，发现处理问题的模式，来拉进合作关系，识别具备优秀品质的人。

第五，基于需求的服务信任托付是经济之本，让客户和我们站在一起感到安全，顾问需要用专业力量让客户感到安心和安全。产品即是人品，服务即是人心。信任的建立不仅依赖于产品的质量，还依赖于服务过程中展现的专业性和可靠性。顾问通过专业知识和技能，为客户提供解决方案，使客户感到他们的需求得到了认真对待和满足，从而增强了客户的信任感。产品如果质量可靠，客户会认为企业诚信可靠；服务如果细致周到，客户会感受到企业的关怀和重视。这样，客户不仅购买了产品或服务，也在无形中认同了企业的价值观和人品。

安事、安人、安心是顾问式工作的基本框架。未来的主战场基于服务业的信任托付业务，信任产生于客户对顾问和企业的专业性、诚信和关怀的认同，这种信任促使客户更愿意与顾问和企业长期合作。顾问通过专业力量让客户感到安全，企业通过高质量的产品和服务展现可靠的人品和人心，从而不断巩固和深化与客户的关系。因此，服务信托不仅是经济的基础，更是企业长期发展的基石。只有真正理解并践行这一逻辑，企业和顾问才能在竞争中赢得客户的信任和支持。

第四章

价值流就是服务流

1.从价值链到价值流

在本章中，笔者将阐述顾问式工作法所处的时代宏观环境，以及服务业主导的企业，采取什么样的管理架构和组织架构。

在当下的经营环境中，不少企业领导者都很迷茫，无法用传统的模式来管理企业，若权力过于集中，企业如一潭死水；若权力分散，将产生经营无序的状态，这将导致一事无成。在前文中，笔者写了一句话："现在，商业思考的最小单元是一条闭环的价值链。"这还是一种略带保守的说法。现在掌控一条价值链也不是固若金汤的城池，像"护城河"这类企业优势的构建都不能保持企业的稳定运营，以至于有管理者说这是一个"无解的时代"。现在随着数字智能社会的发展，社会协同的底座都浮动起来了，一切都在重构，一切都在生成之中，企业经营的对象，已经从对价值链的短暂掌控转移到一条不断向前的价值流。

从顾问的角度来看，既然我们已经描述了问题，那么新的问题就来了，我们如何认识和驾驭价值流？

人类学家贾迈斯·卡西欧（Jamais Cascio）提出了BANI模型，这是一个领导力模型，这个模型由四个关键词组成，分别是"脆弱"（Brittle）、"焦虑"（Anxious）、"非线性"（Non-linear）和"难以理解"（Incomprehensible）。这四个词语组成了今天混乱、不可预测、复杂和模糊的世界。对企业来说，想要获得发展机会，就需要领导者具有更敏锐的洞察力和更多的创新成果，而且需要主动应对即将到来的变化和风险。

图4-1 BANI模型示意图

在今天，看似强大的企业可能在极短的时间内就崩溃了，经营者在经营过程中普遍都有一种焦灼，无力无助感一直跟随着，焦灼会消耗企业家和经营者的勇气，这是需要注意的市场现实。

今天的经营需要更多的韧性，企业需要变成柔性结构，在受到冲击的时候，能够保持灵活性和复原力。开放式经营需要进行数字化转型，建立敏捷的供应链快速满足市场需求，并且在需求变动的情况下迅速撤出。

现在，非对称风险始终是存在的，经营者有时候就成为"救火队长"，在经营的过程中，一件小事牵扯全身，企业投入大量的资源才能够平息。经营依赖于一组新的价值体系，比如，创造性、多专业整合、灵活性和敏捷性形成的能力组合。

现实和未来具有不确定性，无论企业研究了多少市场和技术系统，都需要和不确定性共存。经营者可以向人工智能系统问题找答案，但无法知道为什么是这个结果。穆斯塔法·苏莱曼是人工智能领域的世界级专家，他说："在人工智能中，走向自主的神经网络目前是无法解释的。你无法逐步解释决策过程，准确说明为什么算法产生了特定的预测。工程师无法轻易地深入内部，详细解释导致某事发生的原因。"

在当下，几乎所有的经营者都面临着"认知黑箱"的问题。企业在影响一条价值链的同时，对其所涉及的知识、技术和过程并不完全了解，甚至存在知识盲区。这些盲区或"黑箱"可以是单个的，也可能是一组相互关联的复杂系统，它们共同构成了企业运作中的一种常态。面对这些黑箱，经营者仿佛变成了学徒，必须不断学习和适应，以应对不断变化的商业环境和技术挑战。

例如，随着信息技术、人工智能和生物技术等领域的快速进步，出现大量复杂技术的应用，而这些技术背后的知识对许多经营者来说是模糊不清的。另外，企业内部的流程和技术往往经过长期的优化和整合，这种整合虽然提高了效率和性能，但也使原本的操作变得更加黑箱化。经营者在使用这些技术时，依赖的是系统提供的功能，而非对其原理的深刻理解。企业内部的分工导致专业分离，形成内部的信息不对称，当一个系统完成技术集成后，专门知识往往被封装在系统内部，从而形成了一个黑箱。随着技术的发展，许多领域的知识变得高度专业化和复杂化，这使非专业人员难以完全理解。

对企业管理者来说，现在有了一个新的假设，即任何领导者都无法知晓全局知识，因此，单个领导者拥有集中式决策权，在本质上是危险的，不合现实的。这也是顾问式工作法展开的基础环境。在现实的经营中，企业管理者要面对一群跨界的顾问体系，通过快速学习来消化跨专业的知识。

顾问式工作法是基于复杂的经营环境而生的，企业管理者在过去几年或者几十年积累的经验和战略思考，在面对价值流体系复杂性的时候，可能需要一种归零心态，仍然需要不断学习、适应新的技术和知识。这种现象带来了多重挑战。

面对价值流体系的动态性和不可预测性，企业需要一个全数字化的导航系统，实现实时调整。当经营者不了解系统的内部机制时，他们在做出决策时可能会基于不完全的信息或错误的假设。这增加了商业决策的风险，并可能导致意想不到的后果。例如，企业可能在不完全理解市场需求的情况下推出新产品，结果却发现产品并未能满足客户的实际需求。不仅仅中小企业会犯下这种错误，像丰田这样的大企业，照样会犯这种类型的错误。

因此，企业管理者需要和他们的顾问群体一起，包括数字智能系统，形成一个人机结合的综合决策系统。用确定性的需要场景来反向整合供应链层面的不确定性。面对这样的不可理解的经营现实，企业经营者只能输出规则，将资源通过规则整合到流程里，决策权放到流程里，对理解的知识和不理解的知识，都通过开放式的接口进行统一，用客户的需求来进行检验，这就是面向不可知的运营策略。

让企业的客户推动企业来选择合适的知识集成方案，这是少犯错误的方式。尽管企业运营层面做了该做的所有事情，但依然可能存在问题，而黑箱现象使得企业难以应对突发的技术问题或系统故障。这将会损害企业的声誉。

面对价值流体系，企业的决策者由于自身视角和知识的局限，可能难以发现创新的机会，或是在面临新挑战时无法迅速调整策略以抓住机遇。创新往往依赖于对现有知识的深刻理解和对新知识的探索。因此，全员向顾问式组织，甚至带领全价值链上的企业向顾问式组织转型，这是一个知识体系的整合，如果不这么做，创新就无从谈起了。

2.价值流上的项目和任务

在整个价值流上，知识的集成和管理变得无比重要。产品开发和软件编程一样，都是知识模块和产品模块的组合，搞经营就像打俄罗斯方块一样，都是快速组合对准需求的游戏。通过观察，我们能够发现，软件、游戏、数字内容、远程教育、在线服务等已经成为重要的服务形式，这些无形资产不仅具有更高的利润率，还能更灵活地满足消费者需求。

这其实就是价值流的典型项目，一切商业模式都以类似软件服务化（SaaS）的方式在变化，产品被称为硬件，真正唱大戏的是跑在硬件上的内容和服务。商业模式的流变，改变了原来的商业体系，传统上，商业模式依赖有形产品的生产和销售，消费者通过购买这些产品获得所需的价值。然而，随着技术的进步和信息化的普及，越来越多的价值开始通过无形的形式传递。

无形资产形成的服务体系，不受物理限制，可以跨越时间和空间快速传播，这使企业能够以更低的成本触达全球市场，从而找到一条数字化的全球扩张之路。从产品转为服务，这种转变并非简单的表面变化，而是深层次的商业逻辑演化，体现了科技进步、消费者需求变化和市场竞争的多重驱动力。

顾问式工作法体现在价值流上，正是这种知识服务体系兴起的一种职业化的表现，其本质就是在贾迈斯·卡西欧这些思想者的基础上，在抓住知识管理这条主线上，在动荡时代重新创造一种商业秩序。我们首先要认识它，在矛盾之中学会与之共存，这大概就是顾问式工作法在价值流体系中体现出来的个人和组织管理模式。

顾问式工作法之所以重要，主要是因为其主体是探索性的，在整体上类似于黏菌网络。原来，一个成功的商业模式可以让企业稳定发展五到七年，现在商业模式本身也是流变的。企业产品线的频繁更新、服务的个性化定制、供应链的实时调整等，通过不断调整和优化，企业能够更敏捷地响应市场需求，保持竞争优势。

传统的商业模式通常围绕某一固定产品或服务展开，这些产品或服务有明确的生命周期和销售渠道。商业模式的流变意味着统一决策变成了基于不同应用场景的碎片化决策，随着市场环境的快速变化和消费者需求的多样化，固定的商业模式逐渐难以应对瞬息万变的市场。

在前文中，企业的经营从产品的买卖演化到过程服务，商业价值的核心将从产品的拥有权转向服务的使用权。这一转变反映了消费者需求的变化，越来越多的消费者不再追求对产品的拥有，而是更加关注如何使用这些产品来获得价值。产品已经从静态的物理存在变成服务商业模式的载体。

咨询管理公司设计了很多运营工具和模型，并不是直接卖给客户，而是帮助客户做过程服务。相当于不仅卖一把剑，最主要的增值环节是卖剑法，还卖剑法教练资质，让优秀者能够在这里比试升级，共同形成一个场域。这就是价值流之下的新体系，更加注重过程中的价值生成方式。

顾问式工作法在价值流体系之中的项目运作，其实也就这么多，我们现在可以描述一下顾问式团队面对的工作任务。

第一，顾问式工作团队接受目标不断变动的新现实。在管理学领域，这不是什么新鲜事。目标与关键结果（Objectives and Key Results，OKR）

其实更适合动荡的经营环境，这是一种被称为"打移动靶"的组织绩效考核体系，事实上，这个体系是一个完整的沟通和价值生成系统。顾问个人和团队在工作中，并不期望输出标准化的成果，这个环境不存在了，客户期望的是更好，因此，顾问式团队的工作目标是具有挑战性和超越性的，这些目标需要跳起来才够得着。在短时间内，关键的成果就需要拿出来，具体可以量化的指标，这又是一种时间周期上的逼迫。顾问是要完成自我挑战的人，这个过程贯穿顾问的整个职业生涯。

第二，顾问式工作团队在价值流体系之下，需要重新思考战略和战略之下的架构。其实，在价值流中，比战略执行更紧迫的事情，是建立一个正反馈的闭环。但是这个进程，做起来没有那么容易。我们一提到长期战略，很多时候也是不准确的，长期战略只是一个模糊的方向，对客户不断变化的需求，需要和场景需求保持同步。实际上，长期战略都建立在定期和不定期的战略资源盘点之上，因此，企业经营需要保持一定的灵活性，如果有可能，就在短期框架内解决一些难题。

第三，顾问式团队中每一人都是洞见者和机会识别者，这对顾问是一种要求，对员工则没有这个要求。找到新机会和克服企业瓶颈，是两个很重要的问题，顾问式组织内，都是深度思考的人，因此，需要对整个企业组织有智力贡献。谷歌有一句话："我们不知道机会蕴藏在哪一位工程师的脑子里，所以我们尊重工程师。"顾问式工作就是专家工作，想要克服阻碍企业发展的关键问题，需要深度洞察市场，这时候，我们就需要问计于客户。在得到真正的好答案之前，企业在需求市场的研究不要停止，事实上，需求和未来的需求都在用户的欲望和行为中，我们需要通过和他们一起，才能将真正的需求找出来。比如说，这个需求解决了之后对于企业到底有什么样的好处，这些都是基本问题。

第四，技术工具是不能够替代战略的，战略管理和技术战略必须贯穿经营过程，战略资源分配到哪里，需要战略预算和战略执行同步进行。在管理方面，顾问式团队需要有意识地引领企业的组织变革，让客户和自己的企业紧密纠缠在一起，要建立共同的组织管理结构，建立"企业—用户社区"，一系列的管理工具需要重新设计。在技术领域，企业在研发和创新领域需要找到新的抓手，实现连续创新和针对用户的需求研发，不能再使用之前的项目制，不能出现项目完成，技术工程研发就冷下来的情况。在技术工程领域需要引入 IPD，将技术岗位和客户需求直接连接起来。不管是价值流概念还是其他概念，知识生产是我们这个时代绝对的主场景，也是参与竞争的入场券。

未来，商业模式的流变将成为一种常态，企业需要不断调整和创新，以适应快速变化的市场环境。这种流动性和灵活性，将成为企业持续成功的关键。在价值流当中，企业需要适应力，需要有适应力的运营团队。不要害怕变化，而是迎接变化，客户需求变了，马上就要同步这种变化，不能犹豫。基于客户需求的创新行为，需要客户来帮助自己消除障碍，让客户进来帮助设计商业模式，需要深度进入客户的生活方式，不从个体的心智模式和生活方式入手，我们无法认识这个复杂的时代。

3.融合AI和人，深度知识共享与创新

在商业价值流中，AI 作为一个技术元素被整合到运营系统中，起到了一个加速器的作用。AI 是顾问式组织的数学好友，这种以统计学为基础的技术工具，能够为企业创造出一个中立的决策参照系统，在今天，最聪

明的商业人工智能已经接近一个大学生的水平，随着更多训练和算法的提升，这样的人工智能达到专家水平的时候，就能创造一个和今天完全不同的新环境。

AI 对于工作的替代性，现在各界讨论得比较多，这构成了我们时代的特质，所有标准化的工作未来可能都保不住。特别对于标准的数据化分析类的工作，其替代率是很高的。在今天的工作中，企业管理者已经将一些决策权和决策的自动化判断权让渡给平台上的 AI 系统。比如说，在一些电子商务的平台上，人工智能系统已经能够根据一个人的消费行为和消费记录，判断一个人的信用情况。因而它能够自动决定，给不给这样的一个用户进行贷款。

从这个替代的角度来说，数字智能化不会带来新的商业文明，相反，它在大规模使用的过程中，将利润留给了企业，将问题抛给了社会。

在一些企业中，一些信息化系统已经覆盖了企业合作项目，企业和客户之间相互共享信息，人工智能系统能够同时判断出企业和客户之间的合作项目和合作范围，并提出自己的建议，作为一个理性的参考。

在价值流时代，有一个冷静中立的数学判断者，这无疑是一件好事，AI 的优点就在于在极短的时间内，能够穷尽所有的信息，做出一些预判。这些预判和企业的管理者、顾问一起，形成不断优化的决策体系。

人机融合的未来，不是为了建立更加内卷的竞争格局，这种低标准竞争模式，只会带来更多的平庸组织，优化决策的关键是建立一种高标准的产业竞赛。降低成本和提升速度是经营的一部分，不是最重要的部分，人机融合的未来是为了创造一个高质量的经济，能够解决市场当中目前还没有解决的问题。人机融合的未来，需要在高认知的基础上，建立高水平的决策系统。

我们为什么如此看重价值流当中的决策体系？因为从管理学的基本原理来看，其中有一派叫决策学派，其创始人为赫伯特·西蒙，他认为："管理的关键问题就是决策。"因此，我们不能小看决策的价值。在动荡的时代里，要把决策过程当成企业的核心流程认真抓好。提高组织的决策水平，其实就能够把握我们这个时代的机会。

人机融合的最主要的领域，还是促进企业的知识生产。在前文当中我们已经强调，我们时代最大的增量资源和增长的领域，就是知识领域。人机融合的本质，就是提高知识生产的效率。我们需要研究数字智能化系统，在项目运作的过程当中所起到的关键作用。

我们谈到了一个主要的观点，一切流程都会变成服务。从逻辑上来推导的话，服务的本质是让我们的客户拥有更好的判断力、更好的决策能力，也就是提升他们的认知能力，提升认知能力的关键就在于客户教育。

在当下这个时代，"客户教育"不是一个受欢迎的词语。但是从这么多年的实践来看，人机融合最大的应用场景，就是一场教育革命。传统的商业教育往往依赖于学校和课程，但随着 AI 的广泛应用，企业本身正逐渐成为一种新型的"大学"，为员工、客户和合作伙伴提供持续的学习和发展机会。

我们需要重新定义企业的角色。一家优秀的企业不仅是一个生产和服务的单位，更是一个培养人才和创新思想的摇篮。在现代商业环境中，企业通过与客户、合作伙伴的紧密合作，形成了一个价值流共同体。这种共同体并非静态的，它是动态且互联的，充满了协作、沟通和知识共享的机会。在这一过程中，企业和客户不仅仅是在交换商品或服务，还在相互教育和影响。这种互动正是知识产生和传播的关键机制。

在顾问式工作法中，要打破学习和实际工作分离的现象，让客户在与企业的互动中获得新的知识和技能。企业的每一个行为、每一次创新，都可能成为客户学习的机会，这种相互作用形成了一个自我强化的学习生态系统。

我们解析了人机融合的价值，现在谈及这个融合带来的价值，那就是促进深度知识融合和创新。这还是需要人针对市场需求来确定目标。比如，AI 计算化学和计算生物学，借助人工智能穷尽计算的能力，能够在短时间内找到大量的候选化合物，作为药物研究的备选品种，在治愈癌症、延长人类寿命、解决心理疾病方面，能够加速研发。已经有报道称，药物化学计算人工智能一小时的筛选能力相当于一个药物学家一年的工作量。

顾问式组织本身必然是一种学习型组织，人工智能对于催生这一组织形态发挥了至关重要的作用。AI 不仅可以帮助企业优化流程、提高效率，还能够参与到知识的创造和传播过程中。人机学习的本质，正是人与机器之间的相互影响与相互教育。在这一过程中，机器通过学习人类的行为模式和数据，逐步提升自身的能力；人类也通过与 AI 的互动，不断获取新的知识和见解。这种互动加速了知识的形成和应用，使得知识的迭代速度远超传统模式。

人工智能已经被很多人类学家和未来学家当成下一次产业革命的主引擎。技术进步的节奏太快了，数字化改变了信息流，改变了社会媒介的传达结构，这解构了传统的科层制组织，让组织形态变得扁平；同时，人工智能改变了知识流，机器不再只是被动接收指令的工具，而是成为积极参与决策和创新的伙伴。人类与 AI 之间的协同合作，创造出一种新的学习模式，在这一模式下，知识的产生不再是线性的，而是多维的、互动的、高速的。

信息流和知识流的流淌，这种流动性也得益于技术的进步，尤其是大数据、人工智能和物联网等技术的应用。企业可以通过实时数据分析了解市场趋势和消费者行为，迅速做出反应。这种动态调整能力，使得企业能够在快速变化的市场中保持灵活性和适应性。没有充分认知价值流体系的企业，经营恐怕已经失去了方向感。

4.信任、开放和合作的伙伴关系

在价值流体系之中，有一个基本的原则，就是不能够再以线性的眼光看待企业眼前的优势，现在的优势有可能会将企业导向一个不好的结果。进退两难的矛盾对企业的决策者而言，贯穿了整个运营过程。

在前文中，我们分析了BANI的世界。在这个流变的世界里，大中小企业均有自己的脆弱性，因而都充满恐惧和焦虑，恐惧和自我审视让企业学会了抱团，这种企业集群形成生态圈的现象，也是我们探讨顾问式工作法泛化的土壤。

对产业发展进程的确定性，效能管理的执着追求，垂直一体化的管理模式，煤铁时代的工业家和管理者有更多的掌控欲和征服欲；现代企业家则普遍失去了"自负状态"，而倾向于向外界做开放式学习，愿意倾听和互动，特别是前沿科技领域的创业者和企业家，都是与全球最优标杆找差距确立自己的产业地位，这种天然的全球化视野，让人保持自省。这也是企业生态化的基础观念，在这样的认知基础上，建立了价值流上的信任、开放和合作的伙伴关系。在动荡的时代，企业家更加需要盟友的支持，靠群体智慧来面对挑战。

从管理咨询企业的发展历史来看，每一代企业顾问都有鲜明的时代特征，这种特征也是客户企业的需求决定的。比如，管理学者彼得·德鲁克在和通用汽车公司合作做顾问的过程中，通过对企业管理者斯隆的观察，曾经得出结论："管理者在企业内没有朋友。"管理和管理者是企业的功能器官，实现目标和提升企业效能是唯一的方向。今天，我们在实践中，仍然会遇到这样的企业管理者，聘请顾问的目的就是提高企业的运营效能，中小咨询管理公司的主要业务就是绩效管理。

在 20 世纪 90 年代，企业顾问的工作，主要围绕着"流程再造，企业联盟和对标管理"进行组织结构的变革管理，并在结构性变革的基础上，谈及综合效益和可持续发展的问题。让企业成为以客户需求拉动的流程式组织，以建立供应链联盟快速响应客户需求的价值链管理型组织，以全球对标找差距弥补差距的跟随型创新组织。企业在这个发展过程中，逐步跳出了本位思考，更加注重外部环境对企业经营的影响，企业经营结构扁平化和民主化的时代就到来了。

而在当下，顾问式工作法的兴起，缘于数字化和智能化社会带来的冲击，信息流和知识流的颠覆性改变，彻底改变了企业曾经相对稳定的经营环境。企业家和企业内的所有成员，都有了分享经验以及从其他人那里获得经验知识的需求，在整个经营图景之中，战略选择和决策能力成为稀缺能力。

在价值流体系中，要求经营的过程走出精英主义的黑箱，走到阳光之下，将各自的看法和做法公之于众，面对现实随时翻转的不确定性，其实经营也变成了一种艰巨的任务，唯有透明化是通向卓越经营的快速通道。这样做的目的是实现企业组织的高度协同能力，调集企业平时不能调集的潜在智力资源。所有的人都是岗哨，企业所遇到的经营风险就会降低很多。在数字化时代，企业需要发挥数字智能组织的本质特征，将每一个人所产生的有效数据汇总起来，流动起来，不会显著增加企业的运营成本。

顾问式工作法有一个基础假设，即企业的员工都是知识工作者，也就是自己专业领域的专家，不能够按照旧管理逻辑，让员工做一个被动的服从者，至少要做到"理解性服从"，理想的管理状态是"热爱式服从"，盲目服从会挫伤员工的心智能力。因此，协商的过程需要贯穿经营的过程。有一个平等的商讨环境，对于现场员工坚持的事情，需要到现场去了解情况，而在此之前，要求员工认为值得争取的事，就要坚持自己的立场。

基于顾问式工作法，在员工和合作伙伴之间，建立信任、开放和合作的关系，这其实是"聪明人"之间的合作方式。乔布斯生前曾经说："不要告诉聪明人他们去做什么，而是要让他们告诉我们，他们应该做什么。"这就是发挥群体智慧的基本方法论。

类似的企业实践案例，可以借鉴华为的"罗马广场"，这是一个总裁办公室和工程师都可以发表看法的公共论坛体系。这是一个多层次对话论坛体系，公众能够感受到的是心声社区。在心声社区之外，还有更多的针对不同管理干部的论坛对话体系，如务虚会等。在这里，来自不同领域、不同背景的人可以相互交流、分享假设、探索方向，从而促进思想的碰撞和智慧的融合。华为通过这一平台，与全球合作伙伴、行业专家、学者等建立更紧密的联系，共同探索 ICT 行业的发展趋势和未来方向。人们可以自由地发表观点、提出创意，从而激发出更多的创新灵感和解决方案。

笔者和华为管理层也做了交流，他们为了了解企业不同领域的想法和思考，也去罗马广场看内容，以对企业整体的状况有一个粗略的把握。在华为的内部，类似的线上线下论坛和会议议程有很多，目的就是创造企业与员工、合作伙伴、外界沟通的重要窗口。作为一个开放、透明的交流平台，心声社区不仅仅是信息发布的渠道，更是建立企业信任、促进合作与共赢的工具。

通过心声社区，华为能够实时向公众、客户、合作伙伴分享企业的最新动态、战略布局和技术进展。这种透明的信息共享不仅让外界了解华为的业务方向和创新能力，更增强了华为的可信度和正面形象。企业透明度是建立信任的基础。在罗马广场上，华为通过公开讨论技术趋势、行业挑战和解决方案，主动回应外界的疑虑，展示其应对问题的能力与态度。这种坦诚沟通的方式，有助于打破企业与外界之间的隔阂，让客户和合作伙伴感受到企业的真实与可靠，进而增进对华为的信任。

在这个多层次的平台上，华为积极邀请产业界、学术界、合作伙伴以及开发者参与讨论和交流，构建开放的生态系统。这种开放的姿态，不仅有助于引入外部的创新思维和技术能力，还可以加速技术的迭代和优化。

通过罗马广场，华为可以更好地向合作伙伴传递自己的战略意图，确保合作关系的透明和稳定。这种共同成长的机制，让华为和合作伙伴之间的信任不断深化，从而巩固了长期合作的基础。

5.定性价值、定向价值和定量价值的三流合一

顾问式工作法的核心逻辑在于通过重构企业的决策结构来适应现代复杂、多变的商业环境。特别是在 BANI（Brittle、Anxious、Non-linear、Incomprehensible）环境下，这一工作法强调企业必须明确区分不同层次的决策权力结构，以提高组织的灵活性和应对能力，从而更好地实现战略目标并推动创新发展。根据这一逻辑，企业的决策结构可以分为三个层次：企业价值观和思想权、企业战略发展权，以及具体商业场景的流程决策权。

在顾问式工作法中，企业价值观和思想权被视为最核心的决策层次。这一层次的权力涉及企业的根本信念、文化、使命和伦理标准。企业价值观决定了企业在面对复杂多变的环境时如何保持稳定性和一致性。它不仅是企业所有决策的基础，也是企业内部所有成员行为的指导原则。

这种价值观和思想权力的重构意味着企业需要更加注重文化的建设与传播，确保全体员工能够理解并认同企业的核心价值观。在 BANI 环境下，企业的价值观和思想权不仅决定了内部的凝聚力，还直接影响着外部利益相关者对企业的信任与认同。因此，这一层次的权力必须由企业的最高领导层掌握，并通过各种形式不断强化，确保其在整个组织中的渗透和执行。这是对事业进行定性的权力。

第二层权力结构集中在企业的战略发展权力上，这是维系企业中心化的关键。这一层次的权力涉及企业的长期目标、竞争战略、资源配置以及市场定位。企业的战略发展权力要求企业在 BANI 环境中保持一定的中心

化，以确保战略目标的实现和整体方向的把控。

在这个层面上，企业的决策权力通常集中在高层管理者和战略部门手中。他们负责制定并调整企业的战略，以应对外部环境的变化。顾问式工作法强调，战略层次的决策必须具有前瞻性和灵活性，能够快速响应市场变化和技术革新。因此，企业需要建立一个强有力的战略决策中心，以确保企业在复杂环境中保持竞争优势。顾问式工作主要体现在这个体系之中，这是给事业定向的权力。

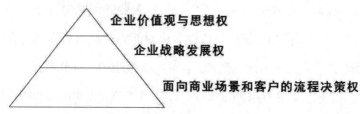

图4-2 战略型企业组织的三层权力结构

同时，企业在战略制定过程中，应当吸纳来自不同部门和层级的意见和建议，以确保战略决策的全面性和科学性。这种从下到上的信息反馈机制能够为战略决策提供更加全面的视角和支持。

第三层权力结构聚焦于具体的商业场景和流程的决策权。在这一层次，顾问式工作法主张将决策权前移到一线场景和具体项目中去。这意味着企业将更多的决策权下放给直接面对市场、客户和产品的基层员工和团队，使他们能够根据实际情况迅速做出反应和调整。

将决策权力下放，有助于提升企业的反应速度和决策效率。在 BANI 环境中，企业必须具备高度的灵活性和适应性，才能在快速变化的市场中占据有利地位。因此，将决策权下放到一线，允许基层员工在业务操作中拥有更多的自主权，可以有效提高企业的整体效率和竞争力。

此外，决策权力的前移还能够激发员工的创造力和责任感。员工在拥有更多自主权的情况下，更容易主动承担责任，并通过实践创新来优化工作流程和提升业务绩效。这种自下而上的决策机制能够促进企业内部的创新氛围，并形成一种更加扁平化的组织结构。

定量的决策权放在一线，这是非常明智的选择。这就是定量价值的决策，也是"班长的战争"发生的地方，发生的一切都具备鲜活性。

我们回到三层权力的运作，或者说三层秩序的思考，我们需要什么样的理念去面对这样的组织架构。在现代企业的复杂治理结构中，顾问式工作法要求所有的管理者和员工具备卓越的沟通能力，每一位参与运营的人都能表达自己的想法和观点。在多层次的决策体系中，管理者的决策需要经过充分的协商，即使外部环境可能随时变化，在匆忙之中做决定更需要尊重协商机制和协商流程。这种治理结构的本质在于平衡中心化与去中心化的权力分配，通过灵活的管理方式，确保企业在不确定的环境中仍能保持竞争力。这种结构通常表现为一个矩阵式的权力网络，即企业的战略管理者设定的权力结构，在中心化和多中心化之间寻找平衡。这种矩阵结构的优势在于能够根据具体情况灵活调整资源的配置和决策的速度。在这种权力架构下，企业的决策权被分为不同的层次，并且使用数字智能化管理系统将这些层次连接起来。

在多层次决策体系中，管理者的决策不应是单方面的、强制性的，而应通过协商与讨论来达成共识。协商过程有助于在不同意见中找到平衡，并为企业制定出更为合理和科学的决策。这种协商式决策的核心在于"开放性"和"参与性"，即每一位管理者和员工都能自由表达他们的见解和建议。这种方式不仅能够集思广益，更重要的是能够在内部形成一种透明和信任的文化氛围，激发每个员工的责任感和创新意识。

为了有效支持这种矩阵式的权力结构，企业需要依赖先进的数字智能化管理系统。这些系统在企业的治理结构中发挥了重要的支撑作用。通过对数据的实时采集、分析和反馈，数字化系统能够为各层级的管理者提供精准的决策依据，确保信息的透明和共享，从而提高整体的管理效率和决策速度。同时，数字智能化系统还可以帮助企业识别潜在风险和机会，为战略投资提供科学依据，确保企业的可持续发展。

在资源聚集的过程中，如何平衡中心化与去中心化的权力是一个关键问题。在面对重大、长期的战略项目时，企业应采取"群策群力"的方式进行决策。这种决策方式的特点是民主化、多方参与，所有相关利益者共同参与讨论和决策，以确保决策的全面性和长期效益。这种方式适用于决策半衰期较长的项目，因其需要更长时间来评估和执行，因此需要集思广益，共同参与思考和分析。

相反，对于决策半衰期较短的项目，企业则应采取"自主决策，对己负责"的方式。在这种情境下，基层团队和个人被赋予更大的自主权，可以根据实际情况快速做出决策和调整。这种方式强调灵活性和快速反应，确保企业能够在瞬息万变的市场环境中抓住机会，避免延误和错失良机。

定性价值、定向价值和定量价值的三流合一，要求企业在决策之中，寻求一种结构性的创新方式，即企业自上而下的决策权力和自下而上的场景决策权，各占一半。在这种治理框架下，所有管理者和员工的参与感和责任感将被最大限度地激发，共同为企业的成功贡献力量。

6.顾问式营销，倾听和理解比售卖更重要

在谈及价值流的过程中，我们需要将营销问题作为一个单列项，拿出

来进行探讨。在数字智能化的时代背景下，营销领域正在经历深刻的结构性变化。这是顾问式工作法重点关注的工作领域。

传统的营销理论中，企业和消费者通常被视为两条独立的平行线，各自沿着不同的轨道运作。然而现在，供给和需求之间的分离状态正在逐步消失，转而形成一种新的"部落化"现象。营销学的创始人菲利普·科特勒在北京的一次谈话中提道："营销就是朋友告诉朋友。"这一句话，精准地捕捉到了数字化时代营销变革的本质。

应该说，在流变型的营销体系中，很多企业现在已经迷路了。在之前的营销模式中，产品售卖之后才有少数反馈，供给和需求之间的联系是单向的、短暂的，缺乏持续的互动和沟通。但在数字智能化的时代，消费者可以随时随地通过社交媒体、电子商务平台和移动应用等渠道获取信息，并与企业进行实时互动。这种双向甚至多向的沟通模式，使供给侧和需求侧的界限变得越来越模糊。因此，这是推销员落幕的时代，顾问式互动沟通者替代了原来推销员的位置。

供给与需求的"部落化"趋势意味着，消费者不再是孤立的个体，而是以兴趣、价值观和需求为基础，形成了一个个相互关联的"部落"或社区。在这些"部落"中，消费者之间不仅分享经验和观点，还共同参与品牌的塑造和传播过程。企业不再仅仅是信息的发布者，而是需要参与到这些"部落"中，成为对话的一部分。倾听和对话即是顾问式工作法的基础。

举例来说，对话的质量和达成理解是决定性的事情。口碑营销的威力在数字化时代进一步放大。消费者更愿意相信朋友或熟人推荐的产品和服务，而不是单纯依赖广告宣传的内容。在社交媒体平台上，用户生成的内容（UGC）如评论、分享和打分，往往比企业发布的官方信息更具影响力。企业需要重新思考如何在这种环境下定位自己，如何以"朋友"的身份参与到消费者的对话中去，从而建立更真实、更可信的品牌形象。

在价值流时代，用户能够对企业的服务进行不对称摧毁，这是一件残酷的事情，一个用户的投诉和爆料可能给企业带来数百万元的损失，这就是企业经营的脆弱性。顾问式营销能够在购买过程中，通过自主决定，现场解决问题，数字化技术大大增强了消费者的参与感和话语权。消费者不再被动地接收营销信息，而是主动在网络社区中进行讨论、评价和推荐，这种口碑式的传播力量变得前所未有的重要。

顾问式工作法要求在一线工作的员工成为数据生产者，就如手指的神经系统一样，在碰触到火星时能够反弹并且叫出来。数字智能化不仅改变了营销的传播方式，还深刻影响了营销策略的制定和执行。借助大数据分析、人工智能和机器学习等技术，企业能够更精准地了解消费者的行为模式、偏好和需求。这种精准营销策略的核心在于"个性化"，即根据每一个消费者的具体需求和兴趣定制内容与产品推荐。

例如，阿里巴巴、京东等电子商务平台通过数据分析，可以准确了解每个用户的购物习惯、浏览历史和兴趣偏好，从而提供个性化的推荐和优惠。这种方式不仅提升了客户的购物体验，还大大增强了品牌与客户之间的黏性。同样的事情，中小企业也可以去做，在企业用户社区去完成数字生产者角色的转换。

我们对很多全球咨询管理公司定期发布跟自己相关的产业研究报告不理解，觉得这是烧钱的事情，需要浪费分析师大量的精力，但还是做了，原因就在于，企业是基于身份行动的。一方面，做公共报告是对于本企业顾问的练兵，另一方面，要做全球专业领域的观念引领者，需要确立在思想权方面的市场地位，这就是两条逻辑。企业还需要更加重视内容营销和体验营销。在数字化时代，内容的创造与分发不再是企业的专属，而是消费者主动参与的过程。优质的内容能够引起消费者的共鸣，形成病毒式的传播效应。因此，企业需要不断提升内容的创意性和互动性，打造出能够引发消费者兴趣和参与的品牌故事和体验。

顾问式组织的营销关注点基于个性化的营销趋势，开始重新调整其战略重点。相比传统的"产品导向"或"市场导向"，顾问式组织更加关注如何成为客户的"朋友"，如何在客户的"部落"中建立影响力和信任。顾问式组织强调通过"倾听"和"参与"来了解客户的需求和痛点。企业不再是简单地向客户推销产品，而是通过提供专业的建议和解决方案，帮助客户实现其目标。在这种模式下，企业与客户之间的关系更加深入和紧密，企业成为客户业务发展过程中的一部分。

顾问式组织还特别重视在数字化平台上的"共创"模式，即与客户共同创造价值。通过社交媒体、在线论坛和其他互动平台，企业可以与客户共同讨论产品的设计、功能和改进方向。这种"共创"不仅增加了客户的参与感和满意度，也为企业的产品开发提供了更加精准的方向。

对大客户营销来说，顾问式营销策略尤为重要，因为大客户往往需要的不只是一个产品或服务，而是一个能够解决其复杂问题的综合方案。在这种情况下，倾听和理解客户的需求，才能真正为他们提供有价值的解决方案，进而建立长期的合作关系。

在大客户营销中，倾听是构建客户关系的关键一步。与普通的消费者不同，大客户往往涉及多个决策层级和复杂的需求。因此，在营销过程中，仅仅通过介绍产品的特点和优势是远远不够的。营销人员需要深入了解客户的业务模式、面临的挑战以及未来的目标，才能提供符合客户期望的解决方案。

通过倾听，营销人员能够获取更全面的信息，识别出客户的核心需求以及潜在的痛点。这不仅有助于制定更有针对性的营销策略，还能让客户感受到尊重和理解，从而建立起信任关系。这种信任关系对于大客户营销至关重要，因为大客户往往更倾向于与他们信任的合作伙伴建立长期关系。

在倾听的基础上，理解客户的需求是顾问式营销的核心。大客户通常有着复杂而多样的需求，简单的产品推销很难满足他们的期望。因此，营销人员需要将倾听到的信息转化为对客户业务的深度理解，从而为其提供定制化的解决方案。

这种理解不能仅仅停留在表面，而是需要深入客户的行业背景、竞争环境以及内部运营机制等多个层面。只有这样，营销人员才能真正把握客户的需求，提出切实可行的建议。通过提供定制化的解决方案，企业能够更好地帮助客户解决实际问题，从而增强客户对企业的依赖和忠诚度。

笔者在咨询公司工作的职业生涯之中，就得益于顾问式营销策略的使用，建立不少长期合作伙伴关系。在顾问式营销中，售卖不再是营销活动的终点，而是一个持续合作关系的起点。对大客户而言，产品或服务的采购往往只是合作的开始，后续的服务支持、战略咨询以及业务拓展才是更为重要的部分。因此，营销人员需要以合作伙伴的身份与客户建立长期关系，而不是仅仅把自己定位为产品的销售者。通过持续的沟通和互动，营销人员可以不断了解客户的最新需求，并及时调整方案以满足其变化的要求。这种持续的合作不仅能够帮助客户实现业务目标，也能为企业带来更多的商业机会和增长点。

第五章

面向流程的顾问式工作法

1.获得企业经营的全景图像

在顾问式员工的思维训练课上，教练会让人对一件复杂的事物找到一个关键词，并且认为在这样的极致化的战略取舍之后，会得到一种认知要素，这就是找焦点的模式。对认知要素的提炼，贯穿在顾问工作的所有工作进程中。这是全貌见本质的一种认知模型，业界也称之为金字塔模式。

还有一种另外的思维模式，即一件简单的事情，如何看到起背后的整个周期和因果，看到一件事情"起承转合"和"成坏住空"的过程转折，这是从一斑到全貌的观察分析方法。

两种分析技术是宏观微观的系统认知模式，在我们的工作当中，面向流程的价值分析，一个是工作方向，一个是实现过程，二者是配称关系。

笔者借用一个艺术观念的发展，来谈谈从混乱的现实到"一个词语总结一个时代"的方式。很多企业家都知道美国波普艺术家安迪·沃霍尔，在美国工业的鼎盛时代，他发展出了一种大众艺术，找到了那个时代的本质的特征，"复制"是关键词。一切皆复制，这是安迪·沃霍尔的观念表达，在工业社会里，复制哲学就是一个人财富的最大源泉。一切产品都是复制的，包括时代中的人，也是工业复制（标准化教育流程和教材）的产物。因此在他那个时代里，真正能够理解复制文化哲学的人，就能够在竞争当中找到自己的大方向。对一个企业家而言，他要找到一个需求，建立一个工厂进行大规模生产，并且进行大规模营销。那个时代，这就是最好的发展模型。他的观念领先于他们的时代一代人，从 20 世纪 50 年代到 90

年代，安迪·沃霍尔的艺术哲学，能够给两代人一个很好的启示。

而在 20 世纪 90 年代之后，日本艺术家村上隆，对信息时代做了一个定义。他认为在信息时代，"超扁平"就是关键词，村上隆写过一本书，叫《艺术创业论》。在他的书当中，提出了"超扁平"的概念。在互联网时代，无数的中间媒介都被去掉了，产品就是媒介；在企业当中，中间管理阶层也已经被去掉了，组织结构变成了扁平结构。而他所有的作品都是一种二维的平面化的符号表达，话语生产和商品生产一样重要。

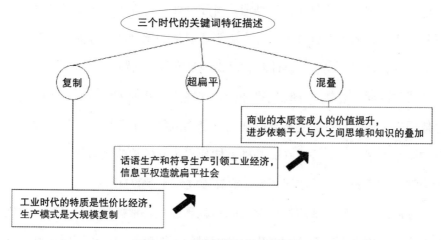

图5-1　三个时代的关键词特征描述

企业的管理者直接和用户进行沟通，几万家电商的店铺放着同样的商品，然后按照定价进行排序，这些都是"超扁平"带来的场景。异质的元素被压缩在一个信息空间里，信息和话语就是扁平空间的主导力量，人是话语的人，物是话语的物，一切皆是话语生产。认为艺术来自大众的生活，大众也可以成为艺术的创作者，因此，不再区分艺术家和非艺术家。确实如此，那些掌握信息和市场话语权的人，现在在市场里风生水起，这就是一个时代的总特征。

在当下社会经济环境当中，一切都看起来那么混沌和模糊不清。因此，科幻作家就给这样的时代做了一个定义：关键词是"混叠"。混叠是一个数学词语，意思是不同频率的波幅动态混进的过程中，会产生不同的干涉纹理，这种干涉纹理是不稳定也不连续的，在经过大规模生产和过度消费的市场里，继续挖掘下一步需求变得更加困难。未来的服务可能会是一场基于需求的精神层面的共振，这是对未来需求市场的深度理解。

经营需要进入心灵和精神层面，打破边界，让一切融合起来，不否定、试试看，混搭融合成为一种生活哲学，人在"融合体验的未来主义"之中找到精神自洽的阶梯，这是消费者和企业进行互动，实现思维跳跃的过程，用全新的视角解释事物，产生生活自洽的感受。服务提供的是过程感受，这就是下一代企业设计商业模式需要思考的问题。

从关键词"复制""超扁平"再到"混叠"，我们能够看到这个时代的总体图景。如果这些关键概念归纳是符合潮流的，那么就会引领一大批企业的未来发展观念。并且在此基础上构建出丰富的战略经营架构，所有的行为都在这样的一个关键词之下，能够形成一连串的自洽。

方向定了，顾问式组织面对的问题就是经营，根据笔者的经验，顾问的工作，无论和哪一个企业合作，其面对的问题都是如何克服阶段性的瓶颈性问题。对于此，麦肯锡的报告里说："企业在未来十年内的业绩增长将依赖于其应对外部环境变化、技术革新以及消费者行为转变的能力。"

而在顾问式组织中，创新项目是战略问题，需要开展一种共识讨论，找到关键问题和关键挑战；企业的高效运营则致力于现有资源的有效使用；在效率突围上，需要研究客户战略目标和消费行为来共创一个未来。

顾问总是和企业的变革探路者为伍，首先要把方向走对。在做任何一件事情的时候，需要突破的是企业根深蒂固的惯性。这里需要非常精细的分析技术以及拥有批判思维，对于那些日复一日自己习惯的事情，在变革的时候需要保持警惕。这就是一个变革者的姿态。

战略执行的第一步，就是在市场当中找到自己的位置。麦肯锡出了一本书叫《超越曲棍球杆的战略》，其中强调最重要的事情就在保持大方向的情况下，要给公司做一个导航定位，知道公司在市场上处于什么位置，下一步行动是什么。顾问式组织不是走一步看一步，而是在战略执行的过程之中，将科学流程做出来，让后续的资源能够在这条流程上跑起来，迭代更新，让流程适应企业的大图景。而接下来的事情，需要企业的战略部门提供持续的战略预算。有时候需要大手笔跑通流程，才能够完成企业的战略转型。

2.诊断关键问题和关键挑战

顾问式工作法和之前所有的经营方法一样，强调企业的增长和扩张，但希望这样的增长路径是独特的，没有副作用的战略增长。对顾问来说，需要区分两个词语——"增长"和"成长"，其实在宏观经济的分析中，也有类似的观念，典型的就是熊彼特的经济发展理论之中，严格区分了"增长"和"发展"这两个词语。一个企业的成长过程，是在正确的方向、正确的战略阶段下，企业实现均衡的质与量的提升，企业整个机体需要保持健康。而增长模式，则可能是旧框架之下的低水平扩张，以透支企业的战略能力为代价的大规模"死亡冲锋"。

顾问式组织要的是成长，成长是要经历痛苦的。恰如从毛毛虫蜕变到蝴蝶，虽然在基因层似乎没有什么改变，但幼虫的成长方式和成虫完全不同，一个是在地上爬，一个是在天空里飞行，啃叶子和采花蜜花粉，都不一样。不变革的虫子就如一直啃叶子在树干上爬的虫子，也就突破不了关键挑战。企业战略转型的问题与此如出一辙。

在前文中，我们探讨了顾问式组织对大图景和方向的把握，然后就开始定义阶段性的瓶颈问题。对很多学术领域谈及的企业发展战略，经营者其实阅读一下就行，在真正面对战略的时候，事实上就是面对问题，挑一个拦路虎式的问题集中企业的资源进行聚焦解决。战略是不能够教条的，每一个企业都有自己具体的主要矛盾需要解决，因此，战略必然是个性化的，而且是阶段性的。

在诊断关键问题和关键挑战的过程中，我们需要对三个问题进行排序并理解其序位关系。

在这里，笔者提及第一个重要的问题为战略文本。很多人觉得战略文本不重要，一个人熬一晚上也可以写出一个企业的战略文本，但这个战略文本能不能作为企业长期发展的基石就是一个问题了。

战略文本代表了企业创办者的共识和意图，组织是有目标的，也是集体行为意志的表现。一个战略文本的成形往往是集体商讨的过程，说一句大白话，参与战略文本商讨的过程，其实就是一种"共和"的过程，不能参与战略文本的人，也就没有参与利益分配的权利，底层逻辑就在于此。战略文本是基于人的根本利益创造出来的，为谁服务？维护什么？打击什么？和谁竞争？事实上就是一份资源分配的正面清单和负面清单。这也极大地影响企业的未来走向。

顾问式组织非常注重企业的战略文本建设，这是企业的受精卵，企业的基因就在其中，是小草的种子，还是云杉的种子，体现在企业的初心里。举例来说，国内一家运动产品品牌商，一年的产值已经达到数百亿元，高管团队均已实现个人的财富自由，这样的企业，都按照惯性在向前滑行，在贯彻战略发展的过程中，未来该往哪里走？如果核心管理团队都没有细分市场争第一的雄心，顾问式团队是无法完成基因层导入的，只能强调这是小企业和大企业的分野，其实就在源头上，这个源头不解决，就没有办法界定企业接下来的关键问题和关键挑战是什么。争第一的战略和以群体财务自由为目标的战略，二者迥然不同。对于关键问题的定义和评估，其实是选择性的问题。

我们还回到典型战略文本的案例，《华为基本法》作为华为公司的战略文本，其诞生过程，就是在五年开放式的讨论之中。回过头来看，企业的高管都已经连续在企业内工作 25 年以上，作为价值观组织，明确的企业愿景和使命，确保华为在不同的发展阶段始终保持战略的一致性和稳定性。

《华为基本法》鼓励企业培养长期战略思维，而不是短期的利益最大化。华为强调"以客户为中心"的战略方向，鼓励创新和技术研发的持续投入。这种长期视角不仅帮助华为在全球市场竞争中保持技术领先，还使其能够在瞬息万变的市场环境中迅速调整战略，保持竞争优势。例如，在《华为基本法》中强调对研发的高额投入，这种长期投资为其在核心技术领域的领先奠定了基础。

《华为基本法》不仅是一份战略文件，更是企业文化的体现。通过《华为基本法》，华为构建了一种以奋斗者为本的企业文化，强调团队合作、员工成长和价值创造。这种文化在华为的全球化进程中发挥了作用，确保了员工在面对不同挑战时能够始终保持高效的协作和强烈的使命感。此外，《华为基本法》所倡导的文化价值观也有助于企业吸引和留住全球顶尖人才，推动企业不断创新和发展。

《华为基本法》对企业的内部治理结构进行了系统设计，这为华为的发展提供了坚实的组织基础。华为通过《华为基本法》明确了董事会、监事会、经理层等机构的职责和权限，确保了企业决策的科学性和有效性。也为企业提供了风险管理的框架和可持续发展的路径。通过制定清晰的管理制度和责任体系，《华为基本法》帮助华为在面对各种风险时，能够有效应对并保持企业的可持续发展。

更详细的内容请读者自行阅读完整的文本，战略文本是高于"战略"的，战略成长是企业按照基因表达逐步展开的过程。认识到这个逻辑，我们就可以进入第二个问题。

第二个问题就是诊断出阶段性的关键问题。阶段性的关键问题其实并不难找，但不同价值观界定问题是不一样的。在管理咨询公司的战略咨询中，顾问式团队找到的关键问题，在企业管理者看来，并不是阻碍企业进一步发展的难题。因此，企业就会回绕到战略文本的阶段，进行公示协商。

"回到初心，不忘使命"看似一句话，其实包含着价值观组织运营的内核。我们看到飞机在空中出现故障的时候，机长和飞行员会一次次按照飞行手册进行系统操作，按照步骤一二三解决问题。同样，价值观组织在解决管理和经营问题的时候，会回到战略文本，进行对标解决问题，给问题进行重新界定。这个过程操作成为企业的计策习惯，企业管理者的领导权就被放到流程里了。战略文本要能够形成企业的习惯法和文化潜意识，这是管理学领域里顶层的东西。

从一些价值观组织的进程来看，"贸工技"是一个战略阶段的产物，"工贸技"是中间阶段的产物，"技工贸"才是比较理想的公司运作系统。问题是，没有战略文本这个高于权力的系统结构，企业可能会一直停留在"贸工技"这样的妥协型的结构里，无法真正面对企业的关键问题。

　　这里，笔者想要简单解释一下国内企业战略模式的演化历程。"贸工技"要素战略排序是贸易第一，工业第二，技术第三。"贸工技"战略强调从市场需求出发，通过贸易积累资源，再逐步投入工业生产和技术研发，最终实现企业的全面升级。这种模式在中国科技企业的发展史上具有重要意义，这是一个产业链下游企业的竞争形态。"工贸技"是一个综合性的概念，主要涵盖了工业、贸易和技术三个领域，将产品制造和实体竞争力放到了第一位，"工贸技"结合了这三方面，强调在工业生产中应用先进技术，通过贸易手段实现产品的市场化和国际化。这种模式不仅能提高生产效率和产品竞争力，还能促进经济发展和技术进步，这是一种过渡形态。而"技工贸"的排序强调了技术创新的首要地位，随后是确保这些技术能够高效转化为产品，最终通过贸易实现经济价值。这种模式在很多成功的高科技企业中得到了验证，体现了从创新到生产再到市场的全链条发展思路。这其实是国际领先的科技创新企业的一般发展模式。

　　在"混叠哲学"的时代里，企业的关键问题也被重新界定为"阶段性的关键问题"，稳稳当当赚钱的时代已经结束了，企业的战略旅程被分为十七八截，只有少数关键的战略顶峰是值得坚守的，大部分经营都已经到了"见好就收"的策略阶段，在大的战略框架之下形成灵活的项目运作体系。这样符合经济学的一般描述，只不过随着资本加速主义的方式，节奏变得更快了。

　　在顾问式的组织中，需要考虑的第三个问题，即"阶段性的关键挑战"。对于阶段性的关键挑战如何解决，这个问题就是必经之路上的暗堡，需要短期内聚焦资源解决具体问题。在前文中我们已经说了，顾问式工作法聚焦于具体场景解决具体问题。这些挑战，企业如果不主动投入战略资源来解决，这个挑战就一直存在。

对于阶段性的战略挑战，基本原则是一次聚焦解决一个问题。在文字描述上，许多书籍中提到，未来企业不再有所谓的守业阶段，所有的企业都是创业企业。突破一个关键挑战，企业就成长一段，比如，对很多技术公司而言，其关键挑战往往是工程性的挑战。

顾问式组织在解决阶段性的关键问题和战略挑战时，需要保持战略执行的一致性，这是管理的难题。但可以在企业的运作流程里解决这样的事情，所有的问题和所有的挑战，都是现在做起来解决未来的问题。这就是彼得·德鲁克所说："战略不是未来的事情，而是现在对未来的影响。"

3.再次定义目标和创造性范畴

"创新"已经成为企业管理者口中的时髦词语，而很多人说出创新的时候，其实并不是理性创新，理性创新有一整套运作规范，也秉持一系列的管理原则。笔者在本文中阐述如何创新，并且将创新放置在"过程正反馈和过程管理流程优化"的流程中。

创新是面对不可知未来做出的决策和资源投入，如何保证创新的高成功率，这是创新行动的效能管理，在创新行动中，我们需要围绕创新目标进行重新定义，对于创新行动和创新目标进行定性、定向和定量。并在此基础上，对创新目标确立一系列的边界，明确创造性的范畴。

著名科幻作家特德·姜在评价人工智能时说了一句话："我们都是前人成果的产物，但正是通过与他人互动过着我们的生活，我们才为世界带来意义。这是自动完成算法永远无法做到的事情，别让任何人告诉你不是这样。"

其实，在这句话里，我们能够寻找到深度的知识创新规律，对一个创新项目，绝大多数知识都是从公共知识领域和竞争者那里学习来的。商业行为和创新行为不是单独完成的，只有在一个知识网络中，多方互动才能够让创新和创造举动变得有意义，人工智能再先进，也要基于人的需要才能够有价值，人是价值的尺度。创造行为和客户需求对齐，是企业创新的准绳。

但企业的创新是不得不为的事情，熊彼特说："企业只有创新才能获得利润，而且创新所获得的利润也是短暂的，竞争对手会学习模仿，很快创新者带来的创新红利也就没了。所以，企业需要持续不断创新，才能够保持发展势头。"

在服务一些全球重要客户的过程中，笔者学习到了这些"敢于做第一"和"让世界变得不同"的企业如何系统地看待创新行为。这和我们理解的"原创的颠覆性的发明创造"和杰出天才的灵光一闪不同。

顾问式组织会从价值优化的思维来看待企业的创新，创新是一个复杂而循序渐进的过程。"第二次创造"是企业创新过程中一个关键的概念，它指的是在现有知识和技术基础上，通过继承和工程化再现，创造出适合特定市场需求的产品或服务。这一过程的核心在于继承知识，并在此基础上进行创新，而不是从零开始。相比于基础创新（"第一次创造"），第二次创造的风险更低，成本更为可控。

这种创新方式特别适用于那些资源有限、需要快速响应市场变化的企业。通过充分利用现有的基础知识，企业能够缩短创新周期，并在成熟系统与新系统之间找到平衡，最大限度地降低创新过程中可能遇到的风险。

在"第二次创造"中，继承知识是主要行为。这不仅仅是简单的复制和粘贴，而是要在继承的基础上，结合企业自身的特点和市场需求，进行适当的调整和改进。微创新在这里扮演着重要角色，指的是在原有技术或产品的基础上，通过细微的改进或调整，创造出新的价值。

企业可以动用的资源有限，省出来的钱进行战略投资，因此需要珍惜。站在巨人的肩膀上向前一步，是个超越模式。继承基础知识意味着企业要善于利用已有的技术和经验，避免重复发明轮子。这种做法不仅节省了时间和资源，还能确保新产品或服务的可靠性和稳定性。在继承的过程中，企业需要对已有知识进行深度理解和分析，以确保其能够适应新的应用场景。

在企业的创新过程之中，"微创新"是另外一个核心观念。例如，智能手机行业的创新往往体现在微创新上，如相机像素的提升、电池续航的优化、操作系统的更新等。这些看似细微的改进，却能为消费者带来更好的使用体验，从而提升产品的竞争力。而且，围绕手机的微创新能够产生一个完整的产品谱系，平板、手表等，其技术相似度都在70%以上，这种小步快跑的创新方式定义了创造范畴。

微创新概念是指在继承基础知识的基础上，进行细微但具有重要意义的改进。这些改进往往是在对市场需求的深刻洞察下进行的，能够有效满足消费者的实际需求。微创新的优势在于风险相对较低，因为它是在已有知识和技术的基础上进行的，不需要突破性的技术进展。但照样能够带来革命性的产品，在诺基亚和苹果手机之间，革命就是一场产品的系统性微创新。

例如，大疆无人机公司通过多年在设计、制造和供应链管理方面的积累，形成了独特的创新路径，使其能够在每次推出新产品时，迅速获得市场认可。大疆的成功并非依赖于一次性的突破性创新，而是在长期积累的基础上，不断进行微创新和优化。

　　顾问在和客户企业一起工作的时候，需要突破合作层面，进行流程管理系统的输出，通过共同的管理接口，实现对创新型供应链的管理，不仅仅去满足客户，还要和客户一起形成一条完整的创新流程，将一套创新方法论贯穿到整个价值链当中去。

　　在创新过程中，企业常常面临如何在成熟系统与新系统之间找到平衡的问题。成熟系统往往代表着稳定性和可靠性，而新系统则意味着突破和变革。为了实现创新目标，企业必须在这两者之间做出权衡，既要保证现有业务的稳定性，又要为新技术或新产品的引入创造条件。创新并不意味着完全摒弃现有的成熟系统。相反，成功的企业往往能够在不破坏现有业务的前提下，引入新的技术或产品。这种方式不仅降低了创新的风险，还能确保企业的整体运营不受重大影响。比如说，某知名企业在新品研发过程之中，就有明确的指导原则，成熟模块占据70%，新技术模块不得超过30%，情愿分几次迭代转为新系统，也不要一次性激进完成升级。他们认为：创新并非孤立的事件，而是一个持续的过程。企业通过不断的知识积累，可以逐步构建起自己的创新路径。知识积累不仅包括技术层面的知识，还包括市场、客户和运营方面的经验。在此基础上，企业可以不断优化创新过程，逐步降低创新的风险。

　　"创造性范畴"是划定创新边界，容纳一种创新哲学，从量变到质变的发生过程，通过继承基础知识、进行微创新，并在成熟系统与新系统之间找到平衡，企业可以走出一条低风险的创新之路。这种创新路径的核心在于稳健，即通过逐步积累和小幅度的创新，实现从量变到质变的飞跃。在低风险创新中，知识积累具有至关重要的价值。通过不断的学习、实践和改进，企业能够形成独特的竞争优势。这种优势不仅体现在技术层面，还包括对市场和客户的深刻理解，从而确保企业在创新过程中始终保持领先地位。

让我们回到创新的第一性原理，作家吴军说："事实上，从人类进入文明社会以来，能量和信息就是衡量世界文明程度的硬性标准——两个文明的竞争，比的就是哪个文明更擅长使用能量和信息。"创新的过程，就是如何巧妙使用能量和信息的过程，"第二次创造"作为企业创新的重要路径，体现了继承与创新的辩证关系。通过在继承基础知识的过程中进行微创新，企业能够在稳定性和创新之间找到平衡，最终走出一条低风险的创新之路。这一过程不仅降低了创新的风险，还为企业的长期发展提供了坚实的基础。

4.实施支持行动实现共同创造

在顾问式工作法中，顾问对别人的支持其实就是在帮助自己。在企业向顾问式组织转型的过程中，其实是需要为自己的客户和所有的合作关系人建立额外的服务，并且在这样的服务过程中成为一个共同体。

举例来说，一家知名企业的业务部门管理人员，在和客户接触合作的过程中，得知客户企业的几个省级部门要做三年规划作为考核结果。客户团队头痛不已，对此，管理者就回到公司，调取公司的专家资源，和客户一起制订未来发展的三年计划，客户对这种紧密伙伴关系的协作也表示欢迎。

在这样的额外服务中，客户的运作和投资计划就变得很清晰，在协助客户做调研、数据清洗和洞察的过程中，更加理解自己产品和服务对客户的价值。因此，在此后的发展进程中，企业和客户之间的战略合作就更加深入，因为知道客户下一步要干什么，企业能够通过方案定制来满足客户的需求。这种工作方式看似企业吃亏了，为客户做了很多，但这就是未来顾问式组织要做的事情。

顾问式组织需要通过额外的服务和额外的连接来锁定客户的需求，面向不可知的市场，争取让客户的需求清晰地呈现出来，这里就需要帮助客户多做事。好在现在有数字智能化系统，首先进行数字化转型的企业，在把握客户需求上会拥有更多的主动权。随着企业经营环境的日益复杂化，仅依靠人力进行决策已显得力不从心。管理者需要面对海量数据、瞬息万变的市场动态，以及越来越复杂的供应链网络。在这种情况下，单纯依靠人的直觉和经验已经无法有效应对，需要借助数字智能系统的帮助。

现在，率先建立基于价值链的数字网络平台的企业，能够占据竞争优势，在供应链管理中，数字智能系统可以实时监控全球供应链的动态，预测潜在的风险，并提供多种应对方案。管理者则可以根据自己的经验和对企业战略的理解，从这些方案中选择最合适的一种。通过这种人机结合的方式，企业不仅能够提高决策的准确性，还能更好地应对供应链层面的不确定性。

对数字化组织而言，智能系统一旦开发完成，其运作的成本就是服务器和电费，其运作成本边际接近于零，这是一种非常有利的竞争态势。这就意味着，拥有数据的企业能够为客户提供更多的实时数据服务，将数字服务模式渗透到上下游体系中。企业管理者需要与他们的顾问群体，包括先进的数字智能系统，合作构建一个人机结合的综合决策系统。不仅能够让自己的企业完成数据决策和监控企业的运营状况，对客户来说，也能够享有共同的数据。

举例来说，海尔卡奥斯平台（COSMOPlat）是一个面向工业互联网的创新生态平台，旨在通过数字化赋能来提升企业的生产效率、供应链管理和市场响应能力。它不仅是一个智能制造平台，更是一个覆盖从研发、生产到销售和服务的全产业链协作平台，帮助企业实现精益管理和柔性生产。

卡奥斯平台利用大数据、人工智能等技术，通过实时监控和数据分析，帮助企业优化生产流程。企业可以通过平台进行智能排产、设备监控、质量追溯等，避免传统制造中的人工干预和延迟问题，从而提升生产效率。同时，卡奥斯平台集成了质量管理系统，帮助企业实现全流程的质量追溯和监控，确保产品质量达到预期标准。

对价值链企业而言，供应链管理的灵活性和响应速度至关重要。卡奥斯平台通过开放的协同网络，帮助企业实现上下游供应链的无缝对接。平台能够实时跟踪供应链各环节的状态，预警潜在风险，支持企业根据市场需求快速调整供应链策略，确保供应链的稳定性与灵活性。这种智能化供应链管理方式，能够极大地降低企业的运营成本，提升应对市场变化的能力。

卡奥斯平台的另一个核心优势是支持大规模的个性化定制。通过平台的数据驱动模式，企业可以快速收集消费者的个性化需求，并将这些需求反馈到研发和生产中，形成敏捷生产体系。这不仅帮助企业精准满足消费者的需求，还缩短了产品从设计到交付的周期，增强企业在市场中的竞争力。

卡奥斯平台不仅为企业提供了技术支持，更通过数据赋能，帮助企业挖掘新的商业机会。平台汇聚了大量的产业数据，企业可以通过数据分析洞察行业趋势、市场需求，进行精准的决策。同时，卡奥斯平台建立了一个开放的产业生态系统，企业可以与平台上的其他企业协同创新，形成共赢的合作关系，进一步提升自身的竞争力。

海尔在数字化转型的过程中，事实上已经从一家制造商转变成为全价值链的顾问式组织，通过将不确定的供应链要素反向纳入确定性的场景中，企业能够有效降低整体的不确定性。这种方法的核心在于控制与预测，通过聚焦于可以掌控的部分，来影响和管理不确定性较高的部分。

在数字化时代，反向整合变得更加可行。借助数字智能系统，企业可以实时跟踪供应链的各个环节，分析潜在的风险，并快速做出调整。这种动态的反向整合方式，使企业能够更好地应对市场和供应链的不确定性，从而保持业务的连续性和稳定性。

在不确定的经营环境中，企业面临的一个重要挑战是如何处理已知与未知的知识。为了应对这一挑战，企业需要通过开放式接口，将所有知识进行统一管理。开放式接口不仅允许不同系统之间的信息互通，还能够整合外部的知识和资源，为企业提供更加全面的决策支持。

卡奥斯架构跨越了人和所有经营要素，物联网之中的每一个智能化的物件和机器，智能化网络中的人，共同构成了"行动者网络"（Actor-Network Theory，ANT），送货机器人、生产线上传感器，以及店铺中的摄像机和传感器，构成了一个数据生产者，而数据在经过清洗和结构化之后，可以成为平台服务于整个价值链的基础设施。

5.形成更加长效健康的新系统

现在，企业在思考关键问题的时候，能够打败我们的下一个生态系统是什么？我们采取什么样的关键行动，才能够在下一个生态之中获得更好的产业地位？很多企业采取的经营策略是竞争导向，顾问式工作法则要求企业不要紧盯客户，而需要一些新的基石物种的诞生，颠覆整个产业生态。也就是说，很多企业的死亡，不是被企业打败的，而是亡于生态系统的整体替换。

顾问式组织允许每一个人讲话，讲话的方式就是每一个人做出自己的"数据贡献"，在行为上，顺应三个事实：首先要顺应最有活力的一群年轻消费者的行为，有些潮流是一阵风，有些潮流则代表了时代变迁，生态替换最早发生，都是在年轻人的消费场景之中开启的，但这需要洞察力；其次，要开门办企业，多请外面的专家和企业家来进行交流，保持企业开放自由的氛围；最后，企业要能够集聚全球人才，或者使用全球创新者的成果，在别人的基础上做好创新。

对于顾问式组织的结构问题，"个人＋平台"模式是一种资源耦合型组织，在灵活的项目制服务进程中，解决客户的问题，这是一种旨在激发个人成果极致化的组织结构。而在现在和未来，更大的公司组织结构的变化来源于公司社区化，每一个企业组织都将面临再次社会化的过程。

在过去的几十年里，企业管理思想不断演进，其中公司社区化的理念逐渐成为新的趋势。这一思想认为，企业不仅是股东的资产，还应该被视为一个有机的"社区"，由员工、客户、供应商和其他利益相关者共同构建和维持。这一变革性的组织结构理念，预示着企业未来的发展方向，将重塑传统的企业架构和管理方式。

传统的企业架构通常是金字塔式的，以等级分明的管理层和股东利益为中心。这种模式虽然在工业时代获得了巨大成功，但在数字智能化的背景下，已经显现出诸多弊端。传统的企业架构强调管理者与执行者之间的分工。这种划分虽然在一定程度上提高了效率，但也导致了管理层与基层员工之间的信息不对称。管理层往往无法真实了解员工的需求和想法，导致决策效率低下、执行力受限。传统企业多以股东的利益最大化为导向，常常忽视了员工、客户和其他利益相关者的长期需求。为追求短期的财务表现，企业可能会忽略对员工发展、客户体验，以及企业可持续发展的投资。同时，传统的薪酬和名利激励体系逐渐失去吸引力。对股东和管理者来说，仅仅依靠物质奖励不足以激发员工的创造力和长期投入，无法满足现代人才对工作意义和成就感的追求。

麦肯锡的企业分析系统中，曾将企业的组织架构比喻为"骨架"。随着技术进步和社会的变迁，企业的"骨架"需要进行彻底重塑。公司社区化模式是对企业组织结构进行革命性变革的一个方向。承认企业是员工与客户的共同体，其实就是一种观念革命了。

公司社区化的核心思想是将企业视为由员工和客户共同构成的"社区"。在这个社区中，企业不再仅仅是股东的资产，而是所有成员的共同价值载体。企业的长期发展不仅依赖于财务资本，还依赖于人力资本、知识资本和客户资本的积累与运用。

员工与客户不再是被动的参与者，而是企业发展的共同创造者。员工贡献的不仅是劳动力和技能，还包括创新思想和长期的企业文化建设。客户也不仅仅是产品的购买者，他们通过反馈和互动，深度参与到产品设计、服务改进等企业的核心运营中，从而提升企业的竞争力。公司社区事实上是一个共创社区。

在公司社区化的模式下，企业的知识成果成为整个社区的共同资产。知识的共享与传播不仅限于企业内部，还可以扩展到客户、合作伙伴和其他利益相关者之间。这种开放式的知识生态系统，能够加速创新成果的转化，提高企业在市场中的反应速度。在技术驱动型企业中，社区化的模式可以促使企业内部和外部的专家、用户共同参与产品研发，形成创新的生态圈。通过这种知识的共创和共享，企业能够保持持续的竞争优势。

公司社区化模式下，自我管理成为主要管理方式。管理的重心从控制和监督转向协作和赋能，以及精细到个人贡献的考核系统。管理者不再是权力的中心，而是为社区中的成员提供资源、支持和发展机会的角色。企业通过营造开放的沟通环境和创新文化，激发员工的主动性和创造力。管理者成为服务者，帮助团队成员更好地实现个人与企业的共同目标。

这种管理方式不仅提升了企业的整体运作效率，还强化了员工的归属感和责任感。员工不再只是为公司"打工"，而是视公司为个人事业的一部分，从而更愿意为企业的长期发展贡献力量。

传统的物质激励逐渐失去效力，现代员工更加追求自我实现和成就感，个人成为专业领域的佼佼者是一种普遍追求。

公司社区化模式通过创造一种归属感和共同目标，重新构建了企业的激励体系。在这种模式下，企业的荣誉、使命和共同愿景成为激励员工的关键因素。一些领先的公司通过引入股权激励计划，让员工分享企业的长期发展红利。同时，通过建立清晰的职业发展路径和提供广泛的学习机会，企业能够帮助员工实现个人成长与价值创造。

未来，企业将更加注重构建多方共赢的生态系统。企业不仅要服务于股东，还要服务于员工、客户和社会。通过这种更为包容、开放的架构，企业能够更好地应对复杂多变的市场环境，实现可持续发展。

现在，一家公司在名义上是属于公司大小股东的，但真正有价值的体系却是人才、知识成果和用户集群，一个企业真正的结构是几千名员工和几千万用户共同构成的公司社区。对企业股东来说，传统的名利激励已经不能成为企业持续发展的心智动力，企业需要重新构建事业理论，生命的荣耀主要来自这里。

第六章

顾问式工作法客户期望值管理

1.服务交付需要期望值管理

期望值管理是顾问式工作法的原点，在服务业经济占据主导的时代，所有的服务型组织都需要建立新的工作流程。其中前置的重点是要知道产业规律，服务业与实物经济在本质上存在显著差异。制造业通常有固定的生产流程和明确的产品规格，客户可以通过实物的质量、功能等指标来评估产品。然而，服务业的产品往往是无形的，其效果不容易用具体的标准衡量，因此，这是一种共识性的成果。

对于心智领域的感受型成果，很难进行衡量，这也是有人将时代定义为"混叠时代"的原因，就像两束不同的波干涉的纹理，稍微换一个角度，干涉纹理就会不同。服务是个过程，具备不可存储性、同时性和感受性，服务的生产与消费（价值产生的过程）往往是同步进行的，无法像实物产品那样进行库存管理，服务阶段性结束或者结束，中间没有物理产品产生，这一特性使得服务企业在设计和交付服务时，必须更加灵活和敏捷，以应对客户需求的波动。

在笔者看来，这种思维方式算是一种较为理想的归纳。服务时代的来临，意味着人们需要从工业时代典型的"机械思维"转换为服务时代的"波动思维"，不是说实体产品不重要了，实际上，实体经济已经成为经济的基座，上层建筑已经进入"感知时代"，也是价值增值的主要来源。这其实也是顾问式工作法得以泛化的土壤。服务对象的"无形性和主观性"是对顾问工作的普遍挑战。

　　服务的无形性决定了客户很难在消费前准确评估服务的价值。这与实物商品不同，客户可以通过实物的外观、规格等来判断是否符合预期。而服务的效果常常是体验性的，只有在服务完成后才能最终感知。如果不转变观念，很多传统的商业体系会认为服务不值钱，因此，无法理解华为为了完善管理体系，前后共花了大约300亿元。的巨资这种购买行为看似在购买服务，其实其背后是一场观念的跃迁。

　　服务的结果因人而异，即使是同一种服务，不同的客户也可能会有不同的感受和评价。服务的体验深受客户期望的影响，因此客户的满意度往往与他们的期望值是否被满足或超越密切相关。服务经济里的一些行为，比如，取悦行为和"宠粉行为"，在微小的消费体系中，能够显著提升顾客的满意度，这种愉悦和被需要的过程，贯穿于一般服务业的进程中。

　　在前文我们强调了服务体系中，"委托人和受托人"的本质关系，我们和客户之间有一个前置的命题：寻找真相。寻找真相的过程，绝不可能是一个保持愉悦的过程，咨询管理项目导入过程，极有可能是一场触及灵魂和习惯的对冲行为，因此，如何理解客户满意度，是一个问题。这也是顾问工作需要期望值管理的原因。客户的满意度更多依赖于主观感受。管理客户对服务过程和最终成果的期望，是服务企业确保成功交付的关键。对于复杂系统的过程服务，特别是企业管理咨询领域，过程开心愉快不是目的，识别出真问题，形成共识，解决问题才是目的。尽管如此，过程还是要讲求方式。

　　顾问服务第二个命题是：成果衡量与落实。由于服务业的这些特性，期望值管理在服务的整个生命周期中扮演着至关重要的角色。它通过设定和调整客户的期望，确保客户对服务的理解与实际交付的服务相匹配，从而最大化客户的满意度。

　　明确的预期管理至关重要。顾问咨询公司必须与客户在项目启动前，清晰地定义服务范围、目标和交付成果的衡量标准。这不仅有助于客户形成合理的期望，也能避免后续因认知差异引发的分歧。咨询顾问可以与客户合作，设定可量化的 KPI（关键绩效指标）或具体的交付物，从而使成果的衡量更加客观与透明。

　　比如，在制定策略或流程优化的项目中，顾问可以通过具体的财务数据、运营效率的提升、员工满意度的变化等指标来验证咨询方案的效果。这种具体的成果展示让客户更容易感知到服务的价值，减少因无形服务带来的不确定性。

　　但这种硬性承诺显然不是理想型的共识，多数情况下是顾问咨询公司的营销产物，客户公司的系统性问题不解决，企业营销领域的暂时增长不能实际解决问题。

　　对于顾问咨询工作的第三个命题是，互创性和共创性原则。客户和顾问咨询公司的合作，是人与人的相互影响过程，顾问无法给出标准答案。面对企业的问题，其实都是"第一次面对"，每一个企业都有自己的现实性，所有的解决方案都是新方案，这就是高端咨询业的现实，这是高端人才和一系列高端智力体系碰撞与观察得到的结果。

　　问题是，客户企业已经为管理咨询项目付出了高额费用，客户企业在面对管理咨询公司的时候，如何看待这种花费？事实上，这是视角问题，管理是企业的器官，是必须做成的事情，企业要将管理咨询项目实施的过程，当成企业自己建立研发部门的过程。招人用人，维系研发团队的运作，需要大投入，这笔钱是省不下来的。而和咨询顾问公司的合作，可以看成"研发部门市场化"的过程，花费出去了，但这还是一种比较经济的方式。

笔者有一位客户伙伴，是千亿元产值企业的副总裁，她说："每一年，我手上的管理咨询预算费用都是上亿元的，企业在做决策的时候，都需要外脑的参与，这是企业开放式决策工作流程的一部分。"

在咨询服务业中，顾问企业和客户企业能够通过合作，让企业在多层次运营过程之中，获得成就，变得更好，这是一种相互的需求。在全球咨询业之中，合作伙伴连续合作几十年的案例很多，有些项目运作立竿见影，有些领域的变革往往需要十年之久，其中，依然从短中长的成果衡量标准、持续的沟通反馈、长期价值展示与实际应用，以及提供增值服务等多方面入手。通过这一系列综合举措，咨询公司不仅能提升客户的满意度，还能巩固与客户的长期合作关系。

2.服务驱动型工作需要明晰标准

在服务业当中，服务质量取决于评判者的主观性，如果没有量化指标，则很难界定一件事情的工作成效。基于人工智能的数字服务成本可以摊薄，但专家和线下服务的成本会一直很高，基于"服务成本—体验满意度"的评估模型，服务对象很难获得无限服务，去获取满意度，这是商业活动的约束条件。

举例来说，一名经常使用高端酒店服务的客户，可能对标准酒店的服务质量有着不切实际的高期待。如果服务提供者不加以引导，这样的期望差异可能会导致客户的失望。因此，服务提供者需要在客户体验的初期阶段，就明确告知服务的具体标准和范围，以避免期望差异的发生。

这说明，客户的期望值形成是一个复杂的过程，受到多种因素的影响，包括过往的经验、市场上的其他服务对比、个人的需求和偏好等。因此，服务提供者在管理客户期望时，需要充分了解这些背景因素，才能有效地引导和调整客户的期望。大型咨询项目的成交过程，一般都有复杂的过程，有些合作前奏往往就有好几年时间，这种磨合期，其实就是期望和共识的形成过程。

期望管理并不是一次性设定客户期望值的行为，而是一个动态调整的过程。服务提供者在整个服务过程中，需要持续与客户保持沟通，及时了解客户的期望变化并做出相应调整。

这种动态管理包括两方面：一是通过透明的沟通，确保客户始终了解服务的进展情况和可能的结果，避免由于信息不对称导致的失望；二是根据实际情况调整客户的期望值，使其与服务的实际交付能力保持一致。在项目过程中遇到不可控的外部因素时，服务提供者应及时向客户说明情况，并通过协商调整预期目标，在大的合作项目中，会有谅解备忘录之类的过程共识。

但高端服务驱动型的工作确实是精英系统，只有拥有足够专业能力和足够专业自信的人才能够从事这样的工作。高端服务体系之中，顾问和项目参与者的资质很重要，这就是服务标准的一部分，身经百战的、有过从兵卒到将帅的全部心智过程的人，才能够担任相关工作。高端系统级服务需要这样的人把握局面，这是为专业能力买单，也是为影响力买单。期待的是这样的专业人士能够发挥正常水准，这就是对于客户企业的战略支撑了。举例来说，梁孟松之于中芯国际的智力贡献，蔡崇信之于阿里巴巴的智力贡献。至少，也需要一个已经完成实践创造并且继续进行实践创造的向导。

对于服务质量的期待，这里可以引用著名音乐人久石让对专业能力的看法，他说："所谓出色的专业人士，指的就是能持续不断地表现自己专业能力的人。进一步而言，身为一名专业人士，被归为一流或二流的差别，也与能否持续这股力量有关。所谓的一流，即拥有每一次都能够发挥高水平的能力。"

高端服务项目的思想和顶层观念领域，需要高水平人格体的人引领，这种人格体不允许自己做烂事，组织的团队必须以职业价值观为本。说句题外话，即使在世界级的管理咨询公司引领大型团队去完成一个项目，在客户的服务体系中，有时候，我们也能够看到水平不同的"顾问竞争者"，这些竞争者可能是风水师，也可能是通晓《易经》的管理咨询顾问。

回到委托人和受托人之间的合作伦理关系。例如，在投资理财中，投资者作为委托人提供资金，承受市场风险，理财经理作为受托人提供专业服务，收取管理费用或佣金。双方的利益应与各自的贡献和承担的风险相匹配，才能保持合作关系的健康发展。

至于第二项标准，"己所不欲，勿施于人"，查理·芒格说："永远不要兜售自己不用的产品。"这就是投资伦理，在高端服务领域，如果自己都不想买的东西，却将出资人的资金投出去赚取佣金，用合同条款来避责，这显然已经打破了一项事业的底线。从客户那里拿钱，需要符合交易的基本原则。没有热情投入全部生命力量的战略级别的项目，一开始就不要去做。

上文提及的两种标准，大多数属于复杂的挑战性项目服务进程。大客户合作之间会形成多层次的复杂沟通体系，分为战略沟通层面和业务沟通层面，在复杂体系中，顾问会主动谈及服务成果的边界，降低客户的期望值。客户有时候会提出很多不切实际的高目标，如果无法满足，就需要进行协商和沟通。

纸面的合作标准体系，其实就是一个关于服务项目的期望值的预估清单。其中包括项目范围、目标与衡量标准、资源与责任分配、时间表与进度管理、预算与费用、风险与应对机制、客户参与度与反馈机制以及最终交付与验收标准。这些内容在所有的服务协议之中都会提及，可能不同的项目重点不同，但基本就是这样的几个商讨清单模块。

第一类工作标准主要在于业务管理领域。专业服务会将目标限定在自己的专业范畴，清单上有的服务和不包括的服务都在内，业务目标可以很具体，比如，提高效率、增加销售、优化流程等。在具体的标准目标中，会列出几个最重要的指标进行对表，这叫关键绩效指标集（KPIs）。这些指标需要双方商讨之后进行确认。目标确定之后，要确保项目顺利进行，双方需要明确各自的责任和投入的资源，这是一个承诺。比如，客户和服务提供方各自承担的角色和任务；服务提供方是否需要使用客户的系统或工具，以及协作方式如沟通流程、信息共享平台、会议频率等。

第二类工作主要针对时间空间的工作标准领域。基于时间线的安排，双方团队会有一个一个明确的时间表帮助管理期望，形成一个多目标的倒计时模式，以设定工作节奏。明晰的时间表可以让人安心，将服务进程分为不同的阶段，要有阶段性的成果，进行阶段性的交付。定义项目的关键阶段，标志着某些主要任务的完成。确定双方反馈的时间节点和频率，确保有足够的时间调整项目方向。

第三类工作主要谈及预算和费用，在服务驱动型工作中，费用管理是客户期望的重要组成部分，服务付费过程比实体商品的交易过程要复杂，因此，这里也是容易出现问题的领域。

我们总是站在顾问公司的立场，谈及如何提升服务的质量，但对客户来说，预算和费用的支付也是一项合作标准。设定付款的时间节点和支付条件，确保双方对付款进度有清晰的预期。在付费合约执行领域，到目前为止，还是服务业的主要痛点所在，尤其对于长达几年的陪跑型业务，需要客户方更好地履约承诺。

第四类的工作标准，主要在于过程风险控制和交付验收的一些共识和原则。合作双方展开行动后，严守企业的机密，是一项基本要求。同时，在进行项目导入的过程中，遇到部门阻力，如何化解，需要明确责任人和协调人。明确服务提供过程中如何根据客户反馈及时调整策略。对于验收环节，双方达成一致的验收标准，确保服务成果符合合同约定，明确成果的交付形式，评估新一轮的合作。

服务提供者在期望值管理过程中，需要保持对客户期望的敏感度，努力在实际交付中超越客户的合理期望，提升客户的满意度。服务业是讲关系和情谊的，作为一起面向市场的伙伴，需要放弃在合作中的博弈思维，将眼光放在系统的优化上，让整个价值链都好起来，企业才能做得更好。

3.共识沟通伴随顾问式工作法全流程

顾问式工作法将沟通和互动放在日常工作的第一位，这是一种应对变化的基本方式。在任何一场高质量的沟通过程中，沟通的双方都不是开始进入会谈前的双方了。这种过程的灵动性和互文性，就像量子纠缠的特征一样，也正是顾问工作的特点。一切都在重新生成过程中，一开始设定的顾问咨询服务目标，也可能会发生改变，需要进行重新对标。

本书是对顾问式工作法中"互创性和共创性原则"的详细说明，持续的沟通和反馈是确保项目顺利进行的重要手段。在项目实施过程中，咨询顾问应定期与客户沟通项目进展，展示阶段性的成果，并收集客户的反馈。这种透明的沟通方式不仅能增强客户的信任感，还能及时调整项目方向，确保最终成果符合客户的期望。

共识沟通是人工智能时代的核心能力，原因在于深度沟通能够发现问题，现在人工智能大模型已经能够提供参考答案，但发现真问题是一种稀缺能力。资深顾问肯定知道，客户在描述问题的时候，其实问题不是根本原因，人才是根本原因。因此，顾问工作要解决的是人的问题，然后才是事的问题。

以国内某知名大企业为例，该企业的创始人与高管团队中的每一位成员每周都会进行一次周期性沟通，每次沟通时间长达两小时。尽管这些高层管理者都很忙，各自承担着经营职责，体系之中有成千上万名员工，部门的发展与公司的总体战略息息相关，但通过定期的沟通，这些领导者得以在重要决策节点上保持一致，确保企业的整体发展方向不偏离。这种定期的沟通不仅是高效管理的方式，也为顾问式工作法提供了强有力的支持。

顾问式工作法是一种以人为核心、强调个性化解决方案的服务模式。它不单纯依赖于流程和工具，而是通过顾问与客户之间的密切沟通、协作来提供深度定制的解决方案。

笔者在这种工作模式下已经工作了很多年，也从中得到很多收益，我将这种工作法叫作"脉冲式沟通模式"。实践证明，这是一种有效的沟通策略。这种沟通模式的特点是周期性、结构性和深入性，常常在固定的时间点进行，通过高频次的短期沟通，维系双方在战略和信息层面的同步，也涵盖了对方的期望值沟通。

在这种模式下，管理者与团队成员之间的定期沟通不仅是对项目进展的简单汇报，更是一种战略性的信息交换和共识达成过程。通过定期的高层沟通，企业的管理者可以确保战略方向在整个组织内部得到有效贯彻，同时确保决策信息能够及时准确地传递到组织的每个层级。

共识沟通是达成共同期望值的有效过程，在顾问式工作法中，共识沟通扮演着三个重要角色：信息传递、共识达成和战略调整。

大型企业的高管通常肩负重大的管理责任，每个高管下属的部门可能涉及几万人甚至更多的员工。这样的组织架构要求信息能够从上到下或从下到上高效、快速地传递，否则可能导致决策延误、信息失真等问题。

通过定期的脉冲式沟通，领导团队可以确保企业战略、运营状况、市场动向等重要信息在团队内的有效传递。这种信息传递不仅限于上传下达，还包括高管之间的信息共享。尤其在多部门协作的复杂业务场景下，定期的沟通可以帮助各部门之间形成统一的战略理解，避免信息割裂导致的误解或冲突。

共识沟通的第二个重要功能是达成战略共识。战略共识是指团队中的每一位成员都对公司的发展方向、业务重点、市场定位有着一致的理解和认同。在高层管理团队中，战略共识的达成尤为重要，因为每一位高管负责的部门或领域都是企业的重要组成部分，任何一方的偏差都可能对整体战略的执行产生负面影响。

通过定期的沟通，团队成员之间可以互相分享对市场、客户和竞争对手的看法，调整各自的行动策略，确保在面对外部挑战时能够协同作战。此外，这种沟通还可以帮助管理层在面对新的机遇或挑战时，迅速调整企业的战略方向，并在全公司范围内迅速达成共识，确保各个层级都能朝着同一个目标努力。

在战略执行的过程中，情况可能会随着市场环境、政策变化或竞争对手的动作而发生改变。因此，高层管理团队需要随时掌握企业内部的最新情况，结合外部变化对战略进行及时的调整。通过定期的沟通，高层管理者能够及时获取来自各部门的反馈信息，并基于这些反馈对既定战略进行微调，确保企业始终保持在正确的轨道上。

这种反馈机制不仅有助于调整公司战略，也能提升团队的凝聚力和协作精神。通过频繁的互动，管理团队能够保持紧密联系，在任何问题或挑战出现时，迅速达成共识并采取行动。

在脉冲式沟通中，团队需要坦诚分享自己部门的情况、战略见解，甚至是面临的挑战，才能达成真正的共识。这种沟通机制要求管理层之间有足够的信任，确保信息的真实、透明和有效流动。共识沟通的周期性很重要，过于频繁可能导致沟通效率低下，干扰正常的工作流程；过于稀疏则可能让信息滞后，错失调整的时机。一般而言，一周一次的沟通频率较为合理，既能及时讨论新出现的问题，又不会对日常工作产生过多干扰。

这种模式不仅提高了沟通的效率，还为组织的长期发展奠定了坚实的基础。对所有以人为本、强调团队合作与战略共识的企业来说，共识沟通都是不可或缺的管理手段，也是成功的关键。从顾问式工作法的视角来说，这就是一种过程控制，对于客户的期望值，能够进行持续对标。

4.明晰价值主张和期望目标

战略沟通能力是一个高级顾问的必修课。在期望值管理进程中，价值主张重塑与成果再定义，是顾问式工作中的核心策略。期望值是一个可以调适的变量，这是一种共同管理的领域。顾问式工作与直接领导不同，它往往更加侧重于战略性的指导和支持。因此，顾问不仅需要具备广泛的行业知识和管理经验，还必须首先明确企业的价值主张，了解企业存在的根本原因、核心理念以及在市场中的独特定位。只有在明确了企业的价值之后，顾问才能确保"做正确的事"，找到符合企业战略和长远目标的行动方向。

明晰价值主张是比较专业化的表述，其实就是从根子上解决问题。企业经营出问题的时候，基本上都是根部的问题，而合格的顾问会为企业建立一个"根系—树干树冠模型"，这是一个对称体系，一个企业在根系上下了多少本钱，在树干树冠上迟早能够表现出来。

在笔者做管理咨询的过程中，团队总是要强调"让客户感知到服务与交付"，笔者主张通过强调长远价值与实际应用结合，达到一个平衡状态。即在价值主张层面推进一个项目，同时在战术经营领域同时开展一个项目，二者应该是对应并且配称的体系。

打一个比方，我们在救护一棵大树的时候，可以在根部进行松土培土促进根系生长，同时，在局部可以喷一些叶面肥料，让这棵树短期内好看一些。顾问服务是个复杂系统，除了短期的成果展示，咨询顾问还需帮助客户认识到咨询服务的长远价值。很多咨询项目的真正影响往往需要经过一段时间才能完全显现。因此，顾问应强调项目对企业长期战略、组织架构优化、市场竞争力提升等方面的潜在价值。

为了让客户感到满意，能够产生深度的信任关系，需要不断构建影响力，尽管出发点是对的，但在实际的操作过程中，还是要讲求策略。作为顾问，在企业管理的各个层级中，间接领导者扮演着至关重要的角色。间接领导者的任务不只是直接管理某个团队，而是通过影响、引导和协调，帮助企业实现战略目标。在这一过程中，明确价值主张和成果定义成为顾问式工作的基础和关键环节。

也就是说，顾问式团队需要在帮助客户做需求洞察和扩展市场的同时，去解决企业的根部问题。如果企业的价值主张是错误的，比如说，一个技术主义的创始人和团队，顾问通过什么样的方式来让对方认知到"以客户为中心"的需求牵引技术研发才是正途。在这个基础上调节企业的运营结构和流程结构，企业才可能走出来。价值主张是企业为客户提供的独特价值或利益，它解释了为什么客户会选择企业的产品或服务，而不是其他竞争对手的。在顾问工作中，明确企业的价值主张非常重要，因为它决定了顾问式工作的核心方向。顾问只有理解了企业的价值主张，才能在战略层面上做出正确的判断，并通过具体的措施推动企业实现其目标。

我们经常会使用逆向思维来思考问题，即问出几个简单的问题，如何让项目在最短的时间内合作失败？这就回到了开始合作的初心，客户聘请顾问式团队进入企业推进变革，多数情况下都已经进入了一种经营怪圈，企业管理者无法对企业进行动手术，但顾问式团队作为第三方，可以在经过授权之后，在一些局部进行变革。客户真正期待的顾问不是精通人性说好听话办漂亮事的人，顾问式团队是一个破局者的角色。如果顾问式团队顺应了企业的惯性，只赢得了态度层面的满意，其实还是一个平庸的团队。满意也会转变为不满意，这就是服务业工作的动态本质决定的。

顾问式团队对于认为对的事情，需要和企业进行新一轮的论证过程，这个过程要保持耐心。价值主张不仅是企业内部的一种理念，更是与外部市场需求相匹配的关键。顾问需要帮助企业评估市场环境，分析客户需求的变化，确保企业的产品或服务与客户的期望紧密贴合。这种匹配将直接影响企业在市场中的竞争力，决定其未来的发展路径。

顾问式团队想要获得超越性的成果，必须去研究"客户的客户"，如果是消费品公司，就需要和企业经营团队一起去深入用户一线，看到终端用户和消费者的所有行为，并在此基础上找验证价值主张的方法。顾问能够帮助企业发现其在市场中的差异化优势。这种差异化不仅是产品的功能特点，还包括品牌认同、客户体验等多个维度。顾问的工作就是从这些角度出发，帮助企业强化其独特性，使其在激烈的竞争中脱颖而出。

和"客户的客户"在一起，解决他们的问题，反过来解决直接客户的问题，确保战略与行动的对齐，推动高效的执行机制，提供持续的反馈与改进。在策略执行的过程中，顾问需要定期进行评估，收集反馈并提出调整建议。这样，企业能够在不断变化的市场环境中保持灵活性，同时确保自身的策略始终符合价值主张和市场需求。而这样做的结果已被若干案例证明，比如说，华为的客户服务战略就是如此，这样做能够支撑企业建立价值链上的满意度，能够提供链上的拉力，推动企业向前走。

顾问式工作的核心目标是定义和衡量成果。通过帮助企业设定明确的目标、建立客观的衡量标准，并平衡短期与长期利益，顾问能够为企业的持续成功奠定坚实的基础。这种综合的管理模式不仅有助于企业的健康发展，也为顾问自身的价值提供了有力的证明。

第七章

顾问式员工的职场素养

1.数字智识世界的好奇心牵引

在这一章，我们将探讨个人在"非物质劳动"时代个人需要的心智能力，意大利学者安东尼奥·内格里（Antonio Negri）对此类劳动做了分类。他说："在我们的社会中，劳动正在变成非物质劳动，其中包括智识劳动、情感劳动、科技劳动以及赛博格（数字空间）劳动。"

随着数字智能化社会的加速发展，很多标准化的工作将会被替代，制造业经济在满足生活需求之后，除了创新产品，会逐步接近自己的规模边界。未来，很多经济体的新增长领域，将体现在服务业中，大部分工作将转化到研发活动、创意活动和情感活动中。

顾问式工作法之中，统一将这样的业者称为顾问，软件工程师通过编写代码来提供数字解决方案；咨询顾问则通过分析和建议帮助企业制定战略决策。这种知识密集型的特点使得培训和教育成为非物质劳动中的核心。顾问不仅需要掌握特定领域的专业知识，还需要不断更新自己的技能以应对快速变化的市场需求。持续更新技能和追踪专业前沿的能力需要这些顾问都成为终身学习者，要有刨根问底的好奇心，没有好奇心是很难在一个领域冲顶的。

顾问的工作主要对象是人，需要他们对人有兴趣，将站在对面的人当成是一本新书来阅读，来理解。人与人基于专业的相互教育的过程，难以进行量化和标准化，因此在前文中，我们说要面对目标不断移动的现实。这种难以量化的特点给企业管理和绩效考核带来了挑战。顾问的工作要求更加灵活的管理模式，强调团队协作、创造力激励和长期发展，而不是简单地产出数量或时间消耗。

这样的转变，其实也就意味着一个时代的管理逻辑已经改变了。顾问式工作法来需要跳出原来组织行为的框架，这才是符合现实环境的行为模式。顾问工作的本质就是不重复别人，也不重复自己，每一个项目进程，都是一个新的开始。

传统的管理模型被称为"机械管理学"，源自牛顿时代的科学思想。牛顿力学以确定性、可预测性和因果关系为基础，这与工业革命中机械制造和流水线式的工作流程高度契合。在机械管理学的框架中，工厂的运作被比作一台精密的机器，管理者的任务就是确保各个"零部件"，即员工和工作流程按照预设的程序和规范进行工作。工作被细化、量化，效率和产出是衡量工作的关键指标。

然而，随着服务业的兴起，工作对象从具体的物质转向了人心、信息和情感，工作本身也不再是简单的重复劳动，而是充满了不确定性和创造性。传统的机械管理学逐渐显得无力应对这样的变化。为此，管理学者提出了一种新的管理思维框架：量子管理学。对当下的经营环境提供一个方法论和管理工具。

量子管理学借鉴了量子物理学的基本原则，强调开放性、不确定性、综合性和整体关联性。这种思维方式认为，非物质劳动的工作对象并不是一个可以精确控制和预测的机器，而是一个充满变化和动态平衡的"灵动体系"。在这个体系中，顾问的工作对象不再是具体的生产线，而是充满复杂情感、认知和需求的"人心"，这是一个测不准、不可量化的领域。因此，管理的方式也需要更加灵活和适应性强。

同样，在现实和未来的职业生涯里，职业人若想适应这种到什么山，唱什么歌"的工作状态，需要和之前完全不同的心智模式。服务业中的工作流程和客户需求往往是开放的，不存在固定的标准答案。每个问题都可以从多个角度进行解答，每个客户的需求和期望也可能随时发生变化。因此，顾问需要保持思维的开放性，善于倾听和观察，及时调整工作方法，以适应不同情境。

这种开放性，用乔布斯的话来阐述，就是要"保持饥饿，保持愚蠢"的状态，饥饿谈及的就是对于新事物的极度好奇心，愚蠢则是要人保持谦虚，保持一种学徒的心态。工作中的开放性要求顾问不仅要专注于当下的任务，还要具备对未来变化的敏锐洞察。比如，一名咨询顾问在为企业制定发展战略时，不能仅仅依赖过往的数据和经验，还需要考虑市场的动态变化、客户的潜在需求以及技术革新对企业未来的影响。

比如，在企业服务领域，管理顾问在为企业制定决策时，往往面临许多未知的因素，如市场变化、政策调整、竞争对手的策略等。即使所有的数据和分析都是正确的，决策的结果也可能因为不确定的外部环境而发生变化。因此，顾问需要学会在不确定性中进行灵活应对，避免过度依赖精确的预测和固定的模式。

顾问式工作法强调要和"不确定性"交朋友，量子思维则接纳不确定性，并将其视为一种常态。这是一个时代的脾气，接纳然后快速学习，成为能驾驭不确定性的人。

与传统的"分工明确"不同，顾问工作要求具备综合能力，能够在复杂的系统中处理多个变量，并提出跨学科的解决方案。这种综合性不仅体现在知识结构上，还体现在工作方法上。顾问需要运用系统性思维，将不同的因素结合起来，综合分析客户的需求和市场的变化。一个优秀的顾问往往是多领域的专家，能够从不同的角度综合考虑问题，找到最佳解决方案。顾问思维强调综合性，即多维度、多视角地看待问题。

以管理咨询为例，顾问在为企业提供建议时，必须同时考虑员工、客户、市场、政策等多个要素之间的关系。任何一个单独的变化都可能引发整个系统的连锁反应。量子思维要求顾问具备全局意识，能够从整体角度出发，制定既符合当前需求又能推动系统长期发展的方案。因此，顾问工作需要面对一个整体关联性看待问题的方式，看到一个新问题，需要能够在整体上联系得起来，这就是好奇心驱动的洞察能力。

量子物理学中，粒子之间的相互作用和关联性非常复杂，单独分析一个粒子往往无法理解整个系统的行为。同样，在服务行业中，顾问式工作也是一个多维度、多层次的系统。各个环节之间的相互关联使得顾问不能仅仅关注某个单一的因素，而是要考虑整体的互动。

相比工业时代的产业工人，非物质劳动中的顾问工作确实复杂得多。传统的产业工人按照既定流程进行操作，工作内容相对单一、可重复，劳动成果可以精确量化。顾问式工作在复杂性上上升了一个数量级，要求劳动者具备更高的情商、适应能力和创新思维。面对这种复杂性，传统的管理工具和思维方式显得不足，而量子思维为顾问工作提供了一个更加灵活、综合和适应性强的工具包，同时也离不开热爱和好奇心。

2.从有知到未知的搏击者

职业顾问的工作状态，是一个随时从知道和应对不知道的应激状态，职业顾问是和别人一起找问题，一起找答案的人。这是一个"知识格斗者"的姿态，挑战自己，是职业生涯中的常态。我们今天已经到了超级个体时代，"超级个体"其实是一种商业思考，杰出组织是超级个体的有机组合，这早已经是商业界一种普遍接受的思考。但有一个悖论，就是越精通某类知识的人越困惑，他必然会遇到别人没有遇到过的未知，越往前走，遇到的问题越多，因此，向未知挑战，成为挑战者，其实就是一个创新者的生命角色。

经济发展越来越依赖于少数"超人"的引领，在一些全球创新案例当中，我们很容易找到这种关键先生的身影。这些关键先生是如何取得个人成就的，这就是需要商业思想界深度去研究的问题。顾问式工作法鼓励这种关键先生的产生，多多益善。对顾问而言，并不是需要自己一定成为这种关键先生，但需要懂得这个关键资源在一些领域的价值。

笔者一直推崇李小龙的搏击思想，李小龙将自己的功夫看成是无招无式的应激反应，将行动内化在肌肉记忆之中，换一句话说，他的全身都布满了大脑，他的肌肉会计算。他自己总结出来的功夫，叫作截拳道。每一个人出生，都是对生命价值的搏击，将搏击思维引入生命哲学的进程中，李小龙是为数不多的知性者。

从李小龙的笔记中可见，在李小龙的思想框架中，除了不违背道，大的自然规律，其余一切都是浮云，他觉得自己应该像水一样能够自由表达。他尽全力向自己的生命极致挑战，并且认为人确实有无限可能性。

前人已经总结了李小龙的哲学思想，概括一下是这么的："突破传统与形式，不迷信权威，将思想从既定的条条框框中解放出来，让它自由地流动，认识自我，追求自我，张扬个性，认真刻苦地锻炼完善自我，真实地表达自我，在奋斗中实现自我，实现生命的价值和意义。要大胆地去发挥，锻炼自己的长处来完善自己，并迫使自己创新。"

在笔者看来，这就是顾问式工作法对个体的基本素养和心智模式。我们可以跳出商业企业的案例，用李小龙的功夫哲学来看待"从有知到未知"的心智旅程。

深度理解截拳道的内核，其实核心是物理和数学，而且是人类公认的一条真理，两点之间直线最短。但要将这样的基本原理导入知行合一的行动中，永远将攻击行动变成一条直线，却是需要一辈子的苦练。截拳道哲学很简单，一看就懂，保持能量，上善若水，直线出击，这就是截拳道的整个战术思想。

搏击的至高境界是保持无形，"讲求无形"与"以无法为有法"的拳理。在搏击过程中，一切都是瞬间变化的。所以任何固定的模式都不要去守，而是将自己永远处于一种待发未发的状态。这些思想在商业上是无比金贵的，企业经营如何处于这种待发状态，积蓄势能，无形是有自由空间的，可以瞬间转为进攻状态，也可以瞬间转为防守状态，而一旦形成了固定的套路，本质上都是一种防守态。

李小龙说："清空你的杯子，方可再行注满，空无以求全。"在李小龙的心智里，空不是一种空无状态，而是一种能量满满的等待状态。就像高水压切割机中的水一样，水处于静压状态，一旦输出，就能够切割钢板。为了接近本质，做出简单直线攻击，李小龙说："截拳道是无任何形式的，也可以是任何形式的，因其是无派无别的，亦可适合于任何派别。截拳道可以运用各门各法，不为任何限制所限，它善用一切技法，而一切手段均为其用。"

顾问式工作法中的专业人士，需要从已有的认知体系之中跳出来，创造性地解决问题，创业需要巨大的热情，由内而外的巨大的激情。我们将创业和格斗变成了同一个事情思考的时候，我们就接近了创业的禅境。总结下来，有四点值得顾问去思考。

第一点，每一个有超越思想的人，都是对自己认识很清楚的人，认识自我，才能够发现自己的天赋。这一点，没有人可以替代，发现自己的天赋，发现自己的热爱，找到合适的奋斗之路，痴迷投入，享乐其中，这就是李小龙的生命哲学的开始。

第二点，要做有激情的奋斗者，领导者对于事业的激情是整个组织激素水平高低的标志。贯穿始终的热情，是李小龙一生的生命态度。我们能够感受到当一个人走近的时候，他内心里迸发出来的热情。

第三点，胆识是人生立命的根本，真正的格斗者不怕见血，承平日久，人不知兵，那是非常可怕的一件事情。李小龙的格斗哲学是在战斗之中学习战斗，在激烈的对抗之中找到超越之道。一支能打仗的军队，一支能够主动寻求商业格斗的团队，在见血的残酷斗争之中生存下来，超越对手的组织，才是真正有胆识的组织。将安全边际拉得太远的保守者，不是真正的格斗者。主动打仗，主动出击，才是真正的时代勇者。

第四点，虚怀若谷，放空自己，开放发展。李小龙认为，"一个人必须消除他自己精神上的一切障碍，否则是无法进步的，必须使心灵处在空无一物的状态，甚至忘掉原先所学的技巧"。世上一切创造物都能为我所用，做得最大的开放性，博采众长，向强敌学习，才能够超越强敌。

那么，我们要驾驭"不确定性和未知"，需要如何去做呢？天下武功，唯快不破，这是一种朴素的战术思想，在李小龙的格斗哲学里，本体之力是一种固定的力量，基本不会有巨大的突破，速度是唯一的变量，从能量的角度来看，瞬间输出的打击能量跟速度成正比。

再先进的商业思想，如果不能落实到快字诀上，最后在经营上是一定会出现问题的。现在很多创业者都在分享自己的创业经验，创业最本质的就是在最短的时间做最多的事情，最短的时间做最多的尝试。要吃的苦，要做的事情，本来是三年的，压缩在三个月之内去完成。笔者曾带领数十人的咨询师团队，在一年时间内密集投入干成了三年才能干完的事情，因此，在这里能够感受到客户的满意和团队整体带来荣耀感。李小龙有一颗快如闪电的心，然后才有一双超越对手的双拳。顾问式工作法和顾问个人，需要注入这股热情。

中国人对于时空的描述，一个叫作实境，一个叫作化境。也就是出神入化的那种化境，最终将达到完全凭借本能反应和直觉感应即可迅速地、自动化地运用自身技法应付外界的一切变化。这种化境需要将所有人的智慧都变成一个智慧系统，人工智能就成为下一个时代企业组织必须拿下的制高点。人的思维不能达到完美，但人可找到更好的集群智慧，将自己的企业变成一个智慧型企业。

面对未知，需要在极短的时间内做出大量的努力。举例来说，在互联网企业当中，有一种领先者攻击追随者的方法，老大用老二的方式攻击老二，领先企业看到对于自己有威胁的企业，然后在自己生态圈里高速复制追随者的商业模式，并且用更高的速度在更大的用户圈中推行，同时会干扰追随者的经营，让追随者落败。这种搏击方式就是典型的"截拳道思维"。领先者需要保持足够的能量，但不要独自输出，一旦在全球范围内出现了竞争对手，进入他们的视野，能量就会立即变成搏击行动，一举而胜。

李小龙提倡的人生是积极进取的人生，现在，我们看到积极心理学已经成为一门显学，积极的本质其实就是打破，这种积极既是战略积极，也是战术积极。李小龙谈到全方位破框，需要实现自己的战术思想突破，而不要满足于做一个跟随者。

3.承诺、信用、交付和自我管理

在前文中，我们借用李小龙的功夫哲学来讨论一位职业顾问应该持有的自我觉察能力，并且找到自我精进的方式。顾问式工作法要求每一个人都具备独特的能力，而独特能力的形成都基于自我期许基础上的持续努力。人才本质上都是自我成就的，人首先要觉得自己是一个人才，然后才会形成对于自我的承诺，自我的信用。

在快节奏的现代社会中，诱惑无处不在，从社交媒体上的即时满足到工作生活中的拖延症，无一不在考验着我们的自控力。自控力，简而言之就是个体在面对诱惑、冲动、压力时，能够自我约束、调节情绪、坚持目标并做出理性决策的能力。企业家马斯克认为："未来，只有特权阶级才能进行数字戒断。而80%的底层阶级将被零工经济绑定在智能手机上。"这是一种非常残酷的表达，是一种很严厉的警示。

顾问式工作法要求顾问能够成为自己专业的佼佼者，而成为人工智能时代的专业佼佼者，需要选择在人工智能没有到达的领域，这是一个高要求。成为专家的过程，其实是一个自我承诺，自己用持续行动实现的过程。世界一些优质的大学就是一个过滤器，将已经有这种自控能力的人筛选出来，让其继续向山顶攀爬。

华为消费者业务 CEO 余承东说："有成就的人主要靠自控力。"长达一二十年甚至五十年的努力，让人达到高峰，从平凡人变成非凡人士，自控力之所以能将平凡之人推向非凡之境，是因为它赋予了人们超越自我、持续成长的能力。

对年青一代而言，对于自控能力的要求更高，回到"数字戒断"能力，其实就是以自己为客户的一次顾问行为，在当下的娱乐刺激和长期主义之间，一个人学会了选择和拒绝，这就是针对自己的战略设计。自控力帮助人们设定并坚持目标。无论是学习新技能、锻炼身体，还是创业创新，都需要长期的努力和坚持。自控力强的人能够克服短期内的舒适与安逸，将注意力集中在长远目标上，不断积累，最终实现质的飞跃。

成为杰出专业人士的过程，是一个长期自律的过程。这也是知名的影视美术指导叶锦添说的话："把自己找到，就可以持续发展自己，尽力去寻找无数种让自己成为自己的可能性。"自控力强的人能够保持专注与耐心，不断探索未知领域，推动社会向前发展。自控力并非纯粹的天赋，而是通过后天的锻炼和培养逐渐形成的自控力促进了自我反思与调整。在追求目标的过程中，难免会遇到挫折与失败。自控力强的人能够冷静分析原因，及时调整策略，而不是沉溺于消极情绪中无法自拔。这种自我反思与调整的能力，使他们能够在逆境中不断成长，变得更加坚韧和强大。

笔者由于职业关系，接触到一些杰出的专业人士和企业领导者，发现他们都有一个特点，就是平和，并保持一种谨慎乐观的事业态度和生活态度，这些就体现在情绪上，情绪的稳定与积极是成功的重要因素之一。自控力强的人总能够有效地调节自己的情绪，以更加平和、理性的态度面对生活中的挑战。这种情绪管理能力不仅有助于个人成长，还能促进人际关系的和谐与发展。学会识别和管理自己的情绪，避免被负面情绪所左右。通过积极的心理暗示和自我激励，保持乐观和积极的心态。平和而坚定就是一种领导力。即使相处多年，从来就没有听到他们说一句很过头的话语，即使遇到比较大的困难挑战，还是能够和一台理性机器一样，从容应对。

在自我管理能力上，那些能够在一个专业方向上坚持一二十年持续精进的人，不会一下子将自己的能量用完，而是一直在努力，用明确、具体且可量化的目标有助于激发内在动力，提高自控力。将长期目标分解为短期目标，并设定实现这些目标的具体行动计划。

马斯克在分享自己招聘人才的时候，最常问的一个问题："你这辈子完成最大的一件事是什么？"其实，这个问题就包含了所有的问题，也是一个类似分水岭式的问题。

那么，我们回到一个人对外的承诺、信用和交付的时候，首先就会选择完成这一内循环的人。社会对个体的挑选机制，也是根植于此，举例来说，华为消费者业务 CEO 余承东，就是一个敢于承诺的人，在早些年，外界都称他为"余大嘴"，但说出来的话都是用自己的信用压上去的。回顾过去十年，其领导华为终端事业群的过程中，所有的承诺都一一实现了。

外界认为余承东的领导风格是果敢、高效和持续创新的，而这些正是其事业观和秉性的一种体现，十年之间，计划和时间表屡屡被不可控因素所打断，但这种使命必达的坚韧性，还是值得深思的因素。坚定的信念和顽强的毅力对于一个管理者来说，必不可少。

即使整个华为的消费事业群受到打击，却始终保持冷静，并迅速调整战略。余承东对工作的要求非常严格，他注重细节，强调执行力。在华为内部，他推行高压管理，要求团队成员必须高效地完成每一项任务。他相信，只有高效执行，才能确保战略目标的顺利实现。这其实就是兑现承诺的过程。

当然，承诺是基于能力系统的，对于顾问工作而言，在客户承诺方面，既要给予客户期望，又要控制好客户期望，绝对不能大包大揽、打包票，给予客户过高承诺。

4.蓝血思维和洞察力

顾问工作讲求职业操守，即具备非常强的同理心，具备理解复杂心智的能力。为准确把握他人需求，需要成为一个感知灵敏的人，同时要具有驾驭这种敏感的能力，敏感又坚韧，这是一个矛盾。但顾问工作需要在各种对立中找到统一的因素，和问题共处并且解决问题，这就是一种生活方式。

企业顾问是一项高度专业化的职业，要求顾问具备战略眼光、解决复杂问题的能力，以及对行业的深刻理解。"蓝血思维"（Blue Blood Thinking）这一词语，是用来描述那些在组织管理过程中拥有卓越能力、独特思维方式的管理者。这一群体的素养表现为三方面：高标准的职业操守、战略性思维和精细的执行力。在蓝血思维的框架中，诚信、责任感和长期主义是核心价值。顾问不仅要为客户提供解决方案，还要对方案的可行性、可持续性负责。其强调宏观与微观结合的能力。具备这种思维的人不仅能够从全局着眼，还能够深入分析细节，找到问题的本质。蓝血思维者在确定战略方向后，具备极强的执行能力，确保计划得以实施并取得成功。

蓝血思维者强调"老贵族"式的挑战，即不畏强者，挑战强。蓝血思维者往往能够快速识别机会和风险，具有准确判断市场趋势的敏锐嗅觉。

企业顾问在与客户合作过程中，诚信和责任感是获得客户信任的关键因素。蓝血思维者不仅为客户的短期利益负责，还会为客户的长期发展考虑，确保方案的可持续性。这种高标准的职业操守能够帮助顾问与客户建立深厚的信任关系，进而提高合作的深度和持续性。客户往往会愿意与具备蓝血思维的顾问长期合作，因为他们不仅关注当下的收益，还能为未来的发展提供全方位支持。

有一个案例，一家知名美妆企业因为市场变化，寻找营销顾问公司给予帮助，在合作一年半之后，仍然没有起色。这家企业的 CEO 决定启用另外一支顾问团队，这支顾问团队没有沿用之前的方法，而是通过深度沉浸在用户场景之中，拿出系统的解决方案，在原来的渠道引入新品类，并进行新的产品定位，重新组织供应链。最终该企业的新品销售额实现了增长，并且带动了老款产品的增长。

其实这家企业的问题是产品和用户之间关系脱节的问题，即品牌老化的问题，原来的老用户逐步流失，品牌诉求不再吸引人，问题是在品牌换新上，品牌不再是推广问题，而是组织一线的人员帮助用户学习使用产品和新产品，并进行数字化服务，从推销员转变为皮肤管理顾问的新角色，一线的激励机制也跟着改变了。经过联合团队的努力，这家企业重新获得了增长。此后，顾问团队还帮助企业低价收购了一个品牌，占据了一个独特天然的品牌定位。客户说："你们虽然是顾问团队，但确实有一颗主人翁的心，是从根子上解决问题的团队，这是正道。你们从不同维度分析问题，透过表面现象看到本质。关键还能够和我们一次一次执行下去。"

企业在面对市场变化时，短期内可能会采取某些调整措施以应对市场波动。然而，蓝血思维的顾问能够帮助企业看到背后的深层次趋势，制定一个能够应对未来挑战的战略。这种远见使顾问的价值不仅体现在当下，还能为企业未来的成功打下基础。在复杂的商业环境中，企业顾问需要快速识别出问题的本质，并提出解决方案。蓝血思维者能够透过表象看清核心问题，并在短时间内做出科学、合理的决策。

我们回到对于蓝血思维的理解，即这种思维如何影响行为，让一个人的工作变得卓有成效。在今天看来，就是两个关键词：数据素养和科学管理。在制定企业决策时，强调基于数据和事实的理性分析。通过收集和分析大量市场数据、用户反馈和内部运营数据，确保决策的科学性和准确性。这种以数据为驱动的决策方式，是蓝血思维在企业管理中的核心应用。

顾问的讲话方式是先讲事实，然后再讲观点，而事实只能来自全局数据。在快速变化的数字智能时代，唯有通过科学的数据分析，才能准确把握市场趋势，优化资源配置，提升运营效率。所谓洞察力，不过就是在熟稔全局数据的基础上，通过逻辑和想象力得到的想法，没有洞察力，本质上就是对整体数据把握不够。顾问们需要通过精确的数据分析来指导方案和方案的实施，确保每一项咨询管理活动都建立在坚实的事实基础上。

顾问通过数据洞察力得出结论其实只是一个起点。数据素养体现在系统化的流程中，这才是商业价值实现的过程。

顾问行为提供结论和共识，也要提供工具。顾问通过对市场数据进行深入分析，了解行业趋势、竞争对手情况和目标客户需求等信息。基于这些信息，制定精准的市场定位策略，确保产品在市场竞争中占据有利地位。顾问要辅助企业学会使用先进的管理工具，现代管理工具往往有着多层次的复杂结构，顾问要教企业的经营者学会驾驭这样的复杂机器，让所有的系统运作起来很顺滑。在客户学会使用这些工具之后，还要根据企业的具体经营情况不断地优化内部流程，围绕需求提高运营效率。同时，通过数据分析和流程监控，及时发现并解决流程中的瓶颈问题，确保流程的顺畅和高效。在此基础上，再建立科学的绩效管理体系。通过设定明确的绩效指标、实施严格的考核和奖惩机制，激发员工的积极性和创造力。同时，通过数据分析对绩效进行持续跟踪和改进，确保绩效管理的有效性和公正性。

拥有蓝血思维的顾问其实都是"授人以渔"的人，需要为客户带来持续的价值。

5.知识生产者实现知识集成

作为一名顾问，其实本质上就是要去做一名企业医生，对照医学领域的资质和严格的准入体系；作为企业管理顾问，只要客户接纳，其实是一件没有具体门槛的事情。但顾问在企业组织乃至国家治理当中，绝不是可有可无的角色，有时候，顾问也能够左右企业命运的走向，甚至左右国家政治和政策的走向。

在复杂系统和组织管理体系中，若没有幕僚团队几乎是不可想象的。将帅没有眼线和四面八方的探子，无法做战场态势感知，这是决胜于千里之外背后的秘密。在未来的生活事业场景中，个人都需要建立幕僚体系，就如现在企业私董会一样，对于复杂的问题，随时都可以进行一场诊断。每一个顾问的工作本质，其实就是一个面向对象的专业诊所。

顾问式工作法强调个体的知识能力，将个人定位为知识生产者，知识生产者面对一些已经知道的知识，这需要进行移植和进入新的组合；同时，作为知识生产者也会面对一些未被定义的创新领域。因此，其认知哲学都要做出改变，以未来指导现实，成为一种顾问的工作哲学。有些工作是重复性的工作，而有些工作需要做到独一无二。有时候要走常规的路径，有时候要敢于独辟蹊径，走出一条属于自己的路。思考前人没有思考的问题，或者把已经思考的问题进行重组，以更宏观和更微观的视角同时看一件事，以实现对于知识的集成。

传统的学习方式往往是线性的，依赖于长期积累的经验、书本知识或课程培训。这种模式在信息获取不对称的时代是有效的，但随着互联网和人工智能技术的发展，知识的获取速度和范围发生了革命性的变化。

在 AI 的辅助下，顾问们可以即时调取全球范围内的最新信息和数据，帮助其快速更新知识储备。无论是市场趋势、技术创新，还是行业最佳实践，AI 工具都能以超出人类学习能力的速度获取信息。知识不仅越来越丰富，也越来越动态。传统经验固然有其价值，但面对瞬息万变的商业环境，顾问必须具备快速应变的能力，才能在不断更新的知识体系中保持竞争力。

AI 的优势不仅在于信息的广度，更在于其精准性。通过算法和大数据分析，AI 能够根据顾问的需求筛选出相关的知识，帮助顾问解决具体问题。与传统学习模式相比，这种精确匹配大幅缩短了学习时间，同时提高了学习效率。

当企业顾问需要为客户制定新的数字化转型方案时，AI 可以即时分析市场上类似案例的数据，提供精准的策略参考，使顾问迅速完成学习与方案制定。但顾问能够用到的工具，客户也能够用到，客户和顾问在信息上是同步的，但在洞察力上，顾问需要探出一个身位，这就意味着顾问需要做更好的知识集成，同样一个问题，谁有更好的视角，谁就能够拿出更好的方案。

和用户进行共同学习也是一种工作方式，面对未知，借助人工智能这种学习方式打破以往线性的学习路径，让顾问能够在短时间内填补认知差距，并对知识进行灵活运用。这种模式有助于应对突发问题和快速变化的市场环境，使学习更加灵活和高效。AI可以分析市场趋势、消费者行为、竞争对手动态等多方面的信息，帮助顾问快速了解客户所处的市场环境，并做出相应的调整。借助AI提供的数据支持，顾问能够更好地预测未来趋势，并根据这些预测为客户制定灵活且富有前瞻性的战略。

在快速学习的过程中，顾问应避免陷入"信息过载"的困境。如何将新信息与既有经验进行有机整合，形成更具深度和适应性的方案，是顾问们面临的核心挑战之一。这也是信息时代的悖论，如果人不知道朝哪里去，再聪明的人工智能也没有办法去做决定，最后一个按钮还是人来解决。

在AI飞速发展的今天，学会与人工智能合作、共同做出决策，已经成为未来发展的关键。面对这一趋势，个人和企业不再仅仅依赖传统的经验与知识，而是需要通过与AI的协作来创造自己的独特竞争力。在这个过程中，不同与特色将成为维持竞争力的重要因素。AI的广泛应用虽然使得大量任务可以自动化、标准化，但同时也意味着，能够脱颖而出的不是那些机械化执行的人或企业，而是那些能在标准化背后找到差异化路径的存在。

目前我们所面对的人工智能，还处于快速迭代和发展的阶段。其能力虽在不断提升，但尚未达到可以完全取代人类决策的地步。人类依然在创造性、情感理解、复杂的情境判断等方面占据优势。因此，在当前及未来的商业和决策环境中，"人机结合"的模式将成为核心。即通过AI辅助快速处理信息、数据分析与预测，由人类负责进行高层次的情境判断和决策，这种协同方式将大大提升整体的效率和效果。

　　例如，在医疗服务领域，医生与 AI 的协作已经取得显著进展。AI 可以通过对大量病例数据的分析，提出初步的诊断建议，并帮助医生识别出一些难以察觉的病理特征。医生则凭借自身丰富的临床经验与情境判断，结合 AI 的建议，做出最终的决策。这个组合不仅大大提高了诊断的效率和准确性，也让医生能够在更多复杂的病例中发挥更大的作用。

　　和医疗领域一样，在企业管理咨询中也会普遍使用人工智能。"专业人 + 垂直型人工智能"的模式将成为各个领域快速进步的基本组合。所谓垂直型人工智能，指的是专门针对某一特定领域或行业进行优化的 AI 系统。与那些通用型 AI 不同，垂直型 AI 具备高度专业化的知识和功能，可以为行业提供针对性的技术支持和决策依据。在获取真知的过程之中，通过 AI 系统的推荐，个体可以精准定位到需要学习的内容，而无需费时费力地筛选冗余信息。个体和企业的决策者在 AI 提供的基础数据上进行快速学习，并融合自己的经验与洞察，形成独特的解决方案。这种快速学习模式，要求学习者具有更高的思维弹性和创新能力，能够及时调整和升级自己的知识结构。

　　通过知识集成之后，顾问和企业管理者就可以进行挑选，走出差异化的道路，保持个体和企业的差异化，这成为未来竞争的核心。虽然 AI 可以帮助我们更高效地处理信息和数据，但其提供的建议和方案往往是基于已有的模式和数据推演的结果。真正能够在竞争中脱颖而出的，依然是那些能够创造性地利用 AI 工具，并在此基础上找到独特解决方案的人或组织。

　　因此，通过将自身专业知识与 AI 提供的数据和分析能力相结合，个人和企业可以在快速发展的环境中保持竞争力。这种独特性不仅仅来自专业技能的提升，更源于人类在创新、洞察和适应性上的卓越表现。

6.保持专业形象，实现顾问式对话

在前文中，我们阐述了顾问的内在素养和内在能力，这里我们需要思考保持专业形象的重要性，对得体的仪表与行为举止同样不能轻视，医生要有医生的样子，医生不能急吼吼地说话，而是需要轻声慢语，要稳重，这样能够获得病人的信任。同样，培训师要有自己的样子，管理咨询顾问需要保持自己的职业形象。

顾问的外在形象也是专业性的一部分。得体的着装和良好的举止，能够给客户留下良好的第一印象。通常情况下，顾问的着装应与行业标准和客户期望相匹配。例如，金融行业的客户可能期待顾问穿着正式的商务套装，保持严谨遵守投资纪律的暗示；而在某些创意行业，顾问和设计师可以选择稍微休闲但整洁的商务风格，甚至男性从业者可以留点长发，保持艺术家风格。仪表其实也是一种定位，对顾问工作来说，这是职业的需要，不仅是个人喜好的问题。

除了仪表，顾问的行为举止同样重要。在与客户的互动中，顾问应展现礼貌、尊重和专业的态度。这包括按时出席会议、遵守职业道德、在项目中保持透明度等。专业形象是一个综合概念，维护团队和个人的专业声誉，保持始终如一的专家形象，对工作开展很重要，这是顾问应该时刻关注的领域。

顾问在工作当中，需要出色的沟通技巧。大部分合作关系都是从高期望值逐步减分回到负面印象的过程。顾问应该谨言慎行，不仅需要有数据驱动的决策与建议，在日常接触过程中，也要有数据驱动的言行。作为专业的管理顾问，所有建议和结论都应建立在数据的基础上。顾问不仅需要具备数据分析能力，还要能够通过数据挖掘出有价值的见解，并以此为依据提供符合客户需求的解决方案。

即使在普通的日常议题的沟通之中，顾问也需要通过使用清晰的图表、统计数据和财务模型，增强建议的说服力。此外，顾问应能够解释数据背后的意义，并将其与客户的具体问题相结合。这样，客户不仅能看到顾问的专业分析能力，还会对其提出的建议有更高的接受度。

管理顾问需要认识到，一个企业在接受顾问进入企业施行系统变革的时候，事实上就等于将企业放到了手术台上，顾问充当着部分医疗方案的设计者，甚至要做主刀医生。这种信任关系，需要顾问明白自己的角色和责任，顾问需要在客户面前展现值得信赖的一面，确保他们能够放心地分享业务挑战和内部信息。顾问在与客户合作时，往往会接触到大量敏感信息。因此，保持客户信息的机密性至关重要。在任何情况下，顾问都不能泄露客户的商业机密或敏感数据。主动声明保密条款，通过签订保密协议、在数据处理过程中遵守法律规定，顾问可以保障客户信息安全，从而提升自身的专业形象。

在形象与保持专业度的问题上，顾问需要建立一种由内而外的形象，顾问需要自问两个问题：

（1）作为顾问，我有没有能力接下客户这一单？

（2）作为服务者，我给客户带来的价值是什么？

在回答完上述问题之后，能力和素养需要放在一起去思考。顾问在和大客户接触的过程中，难免会进入内部关系的矛盾之中，而不介入客户内部利益关系，不评判客户内部人员是一种边界。顾问在沟通时要保持冷静、客观，不偏激或情绪化。在提出建议时，应该基于事实和数据支持，避免主观臆断。这样不仅提升了专业性，还增强了客户对其建议的信任感。

保持职业道德和责任感是顾问塑造专业形象的基础。顾问在提供服务时必须始终秉持公正、客观的态度，不被任何利益冲突影响。对客户负责、对结果负责，这种责任感将成为顾问赢得客户信任的关键。

顾问工作的核心在于为客户创造价值。因此，顾问应始终关注结果，确保其建议能够为客户带来切实的改进。同时，在项目执行过程中，顾问要不断跟进客户的进展，及时调整建议以应对新的挑战。通过展示成果并主动参与项目实施，实现结果导向与持续跟进。

顾问式对话是顾问工作的基础，保持沟通内容的结构化是一种能力和要求。有效沟通陈述事实的能力，通过简洁明了的语言表达，顾问可以使客户更容易理解他们的想法，同时也避免了因表达不当导致的误解。在进行任何对话之前，顾问首先需要深入了解客户的业务、行业背景及当前面临的挑战。只有在充分掌握这些信息的基础上，顾问才能有针对性地提出问题、分享见解，并为客户提供切实可行的建议。

对于结构化沟通，要看管理层级，高层管理者的时间往往非常宝贵，因此共识沟通的内容需要经过精心安排，避免冗长、无效的讨论。一般情况下，这都含有成果汇报性质的沟通，需要简化和重点化，诸如当前项目进展和问题反馈；新的市场信息和外部环境变化；各部门之间的协作进展；需要达成共识的战略性问题；等等。在有限的时间内，尽量留出时间给对方提出问题，通过结构化的沟通，确保每个关键点都能被有效讨论，避免偏离主题或忽略重要议题。

对于如何进行顾问式对话，在此笔者做了一些总结，这也适合任何服务业的沟通模式。

第一，专业对话需要语言精准、清晰且有逻辑性。避免使用过于复杂的术语或冗长的表述，确保客户能够轻松理解并快速抓住重点。这不仅能节省时间，还能帮助顾问展现其对问题的清晰认知和专业性。

第二，沟通不仅仅是讲述，倾听客户的反馈和需求同样重要。通过专注倾听，顾问可以更好地理解客户的观点和痛点，进而提出更有针对性的建议。

第三，顾问应始终围绕客户的目标和期望进行对话，不偏离主题或忽视客户的核心需求。所有讨论都应以客户的最终利益为导向，确保顾问的建议符合客户的战略目标。

第四，客户通常希望看到顾问的建议是有依据的，因此，在与客户进行对话时，顾问应尽量以数据、案例或行业经验作为支持，增强建议的说服力和可靠性。

第五，专业对话不仅是传递信息，还需要通过真诚的互动建立起信任关系。顾问应该展现出自己在该领域的专业性和责任感，同时也要表现对客户业务的真诚关心。顾问式工作法讲求成果，也讲求情感连接。

第六，对于客户的反馈或质疑，顾问应持开放态度，认真听取，并根据反馈调整建议。这不仅能提高项目的成功率，还能建立更为紧密的合作关系。即使客户错了，也需要另行开辟沟通模式，正式沟通不行，可以在咖啡馆里开展非正式沟通，技巧有时候很管用，私人关系也很重要。

顾问的个人素养和成长模式，是一个长期积累和迅速突破结合的学习过程，这里基本的思维框架就是人机学习，职业操守和奋斗者的结合体。以问题导向和成果导向为指引，这是面对服务时代到来的职业准备，在本书中，虽然谈及的管理咨询和面向企业的内容多一些，但对于整个服务类顾问职业都是囊括的。

第八章

顾问式团队的工作模式

1.面对问题的团队分工和智识集成

我们谈及了顾问的个人素养和操守问题，这里就会产生一个新的问题：大家都是专家，这样的人该如何组织起来，变成一个强有力的战斗型组织？在现实和未来经营场景中，企业中高层基本都是具有深厚知识背景和经营经验的专家型人才，现在要完成从管理者到顾问和教练的角色转换，就是要推动企业管理模式的变革，众所周知，管理体制变革其实是很难的事情。

从一些典型的管理案例来观察，顾问工作更强调过程参与和辅导，而管理者的定义则是"对他人成果负责的人"。顾问式领导者在经营出现问题之后，不能通过 KPI 这种体系一罚了之，而是通过管理者和执行者捆绑。这种从"成果管理"到和"执行成果的人"共进退的管理过程，其间不再采用传统的战阵，而是成为既是对成果负责的人，也是对于执行过程中的难题进行负责的人。这种管理模式事实上打破了企业内的"贵族"和"平民"的分阶思考。无论什么出身，一律用专家资质和绩效成果进行捆绑，碰到坏结果"不罚贵族只罚平民"的事情不会发生。

我们来说说顾问式团队分工的一些特殊性，以及这样的团队需要完成的目标。顾问式团队不是面向标准化的体系，而是将团队中所有人的知识集成在一起，形成一个完整的解决方案，其中包括标准化生产质量控制方案等，这是一个面向"战略难题"进行智识集成的过程。

从 0 到 1 阶段，这是顶级的专家体系来完成的成果贡献；从 1 到 10

阶段，就是顾问式团队的问题任务，这是集成产品开发和方案的提供者角色；从 10 到 100 阶段，这是标准化生产团队和顾问团队共同完成的过程，这里面有一个特殊的管理结构。即在一个企业中，我们能够看到管理团队和顾问式团队的"双重成长体系"。

在企业的知识型团队中，顾问式团队的运作已经成为普遍现象，特别是在专家型团队中，团队成员的分工和角色通常非常明确。依据管理能力和知识能力的等级是存在的，而且有强化的趋势。一种边界分明的分级体系，这不仅体现在团队人员的角色划分上，还体现在专家和管理者各自的发展路径上。具体来说，知识型团队内部通常会形成干部体系和专家体系两条不同的成长体系，这一现象在企业的技术与管理双重需求中十分常见。这样做的目的，就是重新思考知识型团队中双重体系的合理性、其对团队管理的影响，以及扁平化管理结构如何实现"上下同欲"。

比如，某知名企业将员工分为 1-23 级，这是一种人格平等但成果贡献按照详细考核拉开差距的工作方法。团队成员根据各自的专业能力和经验被划分为不同的等级，主要包括技术专家和管理者。这种划分是所有知识型团队运作的一般规律，也是顾问式团队得以高效运作的基础。技术专家的主要职责是深入研究专业领域，提出技术方案并优化相关流程。而管理者则负责团队的整体协调与资源分配，确保项目的顺利推进。

顾问式团队的成员往往拥有双重身份，很多领导者都是从技术岗转向管理岗的，这种身份的转换，对于管理咨询公司的启示很大。左手学者，右手管理者的现象在专家型团队中非常常见。这意味着一名技术专家不仅要在自己的专业领域中深耕，还需要在一定程度上参与团队管理工作。与此同时，管理者也需要具备一定的技术背景，才能更好地理解技术团队的需求，做出合理的管理决策。

我们需要深度理解干部体系与专家体系双重成长路径的意义。管理者理解技术系统的发展规律是一个跨度特别大的认知飞跃，也非常难以做到，在中国的企业管理体系之中，并不缺少营销体系走出来的战略管理者，但缺少同时深度理解"工程师文化"和"营销文化"的管理者。知名技术思想家和经济学家布莱恩·阿瑟在其《技术的本质》一书中有一个简单有力的结论："技术就是经济。"在顾问式团队中，双重体系的存在为员工提供了多样化的发展路径。这种体系通常表现为干部体系和专家体系，两者相辅相成，共同推动团队的创新与进步。

我们继续解析一下干部体系和专家顾问体系。

干部体系是传统管理路径的发展方向，团队成员通过积累管理经验、提升领导能力，逐渐晋升为更高级的管理者，人才梯队建设由此而来。他们主要负责团队绩效、资源分配、战略规划等事务，承担整个团队的绩效责任。因此，干部体系的核心在于如何通过有效的领导和管理，确保团队成员的协同合作，实现组织目标。

专家体系则专注于技术领域的深入研究与创新。专家的发展方向不仅仅是做好技术系统的工作，还包括成为某一领域的顾问型领导者，这是企业创新能力的源泉。国内某著名企业家说："我们不储备美元，我们储备人才。"专家通过不断积累专业知识和技术经验，提升在特定领域的权威性，逐渐成为团队和组织内部的技术引领者。这类专家不仅需要具备扎实的专业能力，还要善于将知识转化为实际解决方案，帮助团队应对技术挑战。

这两种体系各自具有独特的价值，而在实际运作中，干部体系与专家体系之间的互动与融合是不可避免的。一方面，管理者需要懂得技术，才能更好地与专家沟通；另一方面，专家在担任顾问角色时，也需要具备一定的管理能力，才能为组织提供更加全面的建议。我们能够区分二者，其实没有什么价值，真正发挥价值的地方，就是企业拥有深厚技术背景的领导者，能够坚持和保护一些关键的研发项目，并在战略层面维护这种延续性。不能小看这种跨领域的认知整合，完成"工程师商人"的企业战略定位，这是企业基因层面的塑造。

顾问式团队的工作模式本质上是一个响应式的组织，团队的管理者和成员在追求目标和愿景上保持高度一致。这样的结构能够有效减少层级之间的沟通成本，提升团队的反应速度和决策效率。在某企业之中，13级员工，即一个刚入职的大学生，可以呼叫17级专家进行任务响应，而流程规定，专家必须进行任务响应，这就是扁平化管理结构所显示的协同能力。

在扁平化管理中，管理者和专家之间的层级关系较为模糊，管理者不仅要对团队的绩效成果负责，还需要与专家合作，确保技术方案的合理性与可行性。这样的管理模式强调责任共担，即每个团队成员在承担各自职责的同时，都为团队整体的成功贡献力量。专家不仅参与技术决策，还可以通过与管理者的紧密合作，推动项目的全方位优化。管理者通过吸收专家的建议和反馈，也能够在管理上做出更加精准的判断和调整。

当然，管理到最后，都是回到本源，即实现团队绩效的提升与个人成长的协调。我们需要主导，强大企业都是管理体系和顾问体系的平衡游戏，管理者需要在推动团队整体绩效的同时，为团队成员提供充分的个人发展空间。特别是在双重体系下，实现管理者和专家的共同成长，对企业的长期发展具有重要意义。

企业应通过透明的晋升机制，鼓励员工在干部体系和专家体系之间自由选择和转换。无论是成为技术专家还是管理者，都应有明确的职业发展规划，能够清晰地看到自己的成长路径。同时，企业应推动跨界流程和合作文化的建设，确保干部体系与专家体系之间的有效协同。管理者与专家之间的关系应建立在相互尊重和信任的基础上，双方都应认识到彼此的重要性。通过定期的沟通与反馈，企业可以确保两条体系在日常运作中相互支持，共同推动组织目标的实现。

2.面向复杂需求和难题的专业服务

顾问式团队存在的价值，是解决企业的发展主脉和整体执行的复杂过程之中所遇到的难题。有些问题非常具有挑战性，比如企业的结构性问题，不对自己下狠手，根本就解决不了。

企业遇到的很多问题，都可以采用"保守治疗"的方式进行解决，慢慢迭代改善；但对于产业周期等系统性问题，则需要新的顶层逻辑和新的执行体系来解决问题。

顾问式组织面临的最大问题是什么？基于著名管理学者彼得·德鲁克的洞见："谁能够提升知识工作者的管理效能，谁就是 21 世纪的主导者。"德鲁克的观点揭示了一个核心问题：在知识经济时代，是否能够有效地管理和提升知识工作者的效能，将决定一个组织的成败。

在传统的生产模式下，企业主要依赖于生产线和服务线来获取竞争优势。生产线负责制造实体产品，而服务线则通过提供售后支持和客户服务来增值。然而，随着知识经济的兴起，创新和新知识的产出速度和质量成为决定企业竞争力的关键因素。这种转变意味着，企业必须在产品和服务之外，寻找新的路径来持续创新和提高效能。

顾问式组织正是在这一背景下应运而生的。它试图通过建立一个独立于传统生产线和服务线的新知识生产线，将知识的生产和管理视为企业的一种主要常规活动。这种方式不仅强调知识的积累和共享，还致力于将知识转化为实际的商业成果。

在传统组织中，工人的工作效率可以通过严格的流程控制和标准化操作来提高。但在顾问式组织中，知识工作者的工作内容往往复杂多变，难以通过传统的管理手段来提升效率。这就需要新的管理思维和方法，来激发知识工作者的创造力和协作能力。

知识管理的效能领域和创新效能领域，是管理学的一个新领域，也是顾问式工作法所要面对的关键挑战。笔者在本书中描述问题，并不代表这个问题已经有了明确的答案。这是一个全球最佳实践的知识整合工程，这里会产生一系列的工作原则，但没有标准答案。

顾问和知识工作者的主要价值在于其创新能力，谁都希望顾问团队能够带来不同的东西，就如华为在聘请 IBM 管理咨询团队一样的期待。

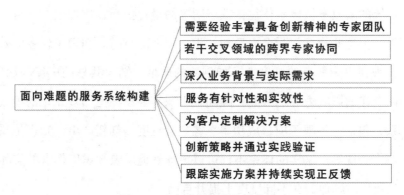

图8-1　面向难题的服务系统构建

然而，创新并不能通过传统激励手段简单实现。顾问和知识工作者需要一个能够自由表达思想、分享知识和探索新方法的环境。在顾问式组织中，管理者需要营造一个开放、包容的文化氛围，鼓励团队成员之间的跨学科合作和思想碰撞。在一个园区内，有人喝咖啡，有人流血汗，这还是被允许的悖论管理模式，在传统的工业组织里，这是不被允许的行为模式。

一个企业想要成为创新组织，内部必然需要新的管理结构来管理创新行为，我们提过集成产品开发，从需求拉动整个研发流程，这不是一个命令体系，而是一个面向复杂需求和难题的专业服务体系。技术专家、顾问和相关的知识工作者的产出，依赖这个系统，而我们就是要在这个系统里，提升知识工作者的工作效能。

笔者觉得提高效果的第一个原则，就是坚持"系统工程"原则，想要加速创新和知识生产效能，需要一个完整的支持系统和运作系统。这里有一个问题，假设我们想要吸引全球最优秀的创新者能够在企业待下去，如何迈向事业、家庭、身体三者的平衡发展之路？美国能够从80亿人口中持续吸纳顶级人才，其背后就是一项"社会系统工程"，企业可能做不到，但是要知道。

传统的绩效考核体系往往依赖于明确的量化指标，例如生产数量、销售额等，但这些指标很难全面反映知识工作者的贡献。知识工作者的效能往往体现在更为复杂的维度上，如创新的质量、知识共享的广度与深度、对团队合作的影响力等。因此，顾问式组织需要设计更加多元化的绩效评估体系，包括但不限于项目成功率、客户满意度、创新产出、知识传播和团队协作表现等。这样的体系不仅可以更准确地反映知识工作者的实际价值，还可以激励他们在不同维度上提升自己。

提高效能的第二个原则是管理原则，企业一定要彻底告别"知识孤岛"的状态。全球化的知识跟踪系统和全球产业知识管理成为必要的企业信息基础设施。

顾问式组织的另一个重要挑战在于如何管理知识的生产和流动。知识是一种无形资产，其价值依赖于在组织内部的有效流动和共享。为此，顾问式组织需要构建一个高效的知识管理体系。这个体系包括以下三方面：一是建立一个开放的知识共享平台，鼓励员工分享经验和见解；二是通过知识地图和知识库，确保知识能够被快速找到和应用；三是实施知识保护机制，防止关键知识流失或被竞争对手窃取。

顾问式工作法特别强调跨部门协作和知识整合。传统的企业组织通常是以职能或产品为导向的，这种组织结构在一定程度上限制了知识的流动和创新。顾问式组织则通过跨部门项目团队、矩阵形结构等方式，促进不同知识领域的整合和碰撞。这样的组织结构不仅有助于提高知识工作者的协作能力，还能够加快知识创新的速度。

数字技术的发展为顾问式组织的知识管理提供了强大的支持。通过建立一个统一的数字化平台，顾问式组织可以实现知识的快速存储、共享和检索。例如，很多企业都建立了赋能个体的智能内网，利用大数据分析和人工智能技术，顾问式组织可以识别出员工之间的知识差距，定制个性化的培训方案。同时，数字技术还可以帮助管理者实时监控项目子系统的进展，及时调整策略和资源分配。

提高知识管理效能的第三个原则，是顾问式团队在建体系的过程中，秉持灰学原理。

灰学原理其实就是三句话：任何单一方案都有局限性；任何综合方案都优于单一方案；如有可能，可以采取混合性方案。现在一家企业在市场上取得成功，需要既懂技术又懂产品，既懂销售又懂审美，既懂供应链管理又懂消费者心智把控，等等。全部罗列出来是几十个跨技术和跨学科的大体系，要驾驭这么复杂的运营体系，需要将众多的矛盾因素结合在一起，形成一种灰度管理体系。

对顾问式团队来说，管理对象不是产品和服务的规模和产量，而是基于需要的知识产出的质量，这里隐含着"做不同和做第一"的内在要求。面对专家员工，企业不再仅仅是一个"谋生价值场域"，而是一个"生命价值场域"，至少在团队整体上要保持这样的组织理想和信仰。设法将每一个人变成价值创造者，这是团队管理的新任务。两千多年之前，亚里士多德说了一句话："唯当每个人都发现了属于他自己的天赋，完成了从潜能到实现的绽放过程，他的人生才可以说是幸福的。"这就是"AI+超级个体"时代的奋斗者追求的东西。

3.团队建制过程和修正机制的建立

顾问式团队需要做真正的建制派，制度才是最重要的。想要将成果巩固下来，并循环不息，就需要进入制度层进行深度思考，重新回到"我是谁""我为谁服务""我要做什么"三个基本问题。

第一个问题其实是哲学问题，"我是谁"是企业人必须回答的问题，人会依据自己的身份展开行动，不解决这个问题，企业战略就无从说起，战略是为人的抱负服务的。顾问式团队在遇到挫折和顺境的时候，都会问自己这个问题。解决了这个问题，也是企业建制的基础工作，建制之后，所有人能够沉下心来，全心全意搞经营。

很多中小企业和年轻的大学生没有办法理解组织制度体系的重要性，其实这就是给自己创造生存环境的问题，人生大部分高效的时间都是在企业组织中度过的，可以这么说，制度即人生，制度决定了人行为的边界。

组织人际关系和生产关系在本质上都是制度塑造出来的。因此，在职业生涯中，尽早从制度设计层思考问题，这是一种早慧的表现。好制度的本质就是塑造一种相对公平，沟通成本低和祛除"人精"的机制，达到安人的根本目的。让专业人能够好好做工作，靠真实价值为客户服务，这就回到了根本，彼此关系定位为相互支持的顾问关系，相互学习和相互教育的工作伙伴。

"我为谁服务"和"我要做什么"这两个问题，其实就是建制派的外部目的和擅长做的事业了。企业内没有盈利中心，只有成本中心，这个事情搞清楚了，在战略发展架构就不犯大错了。因此，在团队建立中自建评价标准是一件必要的事情。

关于顾问服务团队的建制设计问题，可以借鉴现成的模型："职能服务化、服务平台化、平台市场化"模式。

职能服务化指将组织或企业内部的职能转变为对外提供的服务。原本内部的职能，如人力资源管理、财务管理等，不再仅限于内部运作，而是以服务的形式提供给外部客户或合作伙伴，增强灵活性和效率。

这时候，团队需要问自己一个问题，如果将团队的服务当成一个生意，团队失去了垄断内部市场的地位，而和外部企业一样参与竞标，团队能否赢得公司内部的订单？

服务平台化意味着创建一个可以整合多种服务的平台，使不同服务能在这个平台上顺畅交互。这样的平台能够聚集各种资源和服务，为用户提供一站式解决方案，提高服务的可达性和便捷性。

由此，产生的问题是：我们团队有没有基于新的评价标准，团队的存在对于客户的直接贡献是什么？

平台市场化是指将服务平台置于市场竞争中，通过市场机制来优化资源配置和服务质量。平台需要根据市场需求调整策略，提供有竞争力的服务，以吸引更多用户并实现可持续发展。

针对此问题，顾问服务团队的问题是，你如何以更具性价比的服务赢得客户？

在本章中，笔者只谈一种管理建制，即基于知识管理哲学认知，建立以创新为导向的组织结构。这里也借鉴了大量来自管理咨询企业的管理制度和组织架构的经验。

对管理咨询顾问来说，很少有从头开始建制的机会，大多数情况下，都是在现有体系之上进行一次价值观和制度层的变革行为。即从标准化体系走向不断改良的"知识创新引导的新标准化"体系，这是一个组织制度螺旋上升的过程。

这种变革不仅仅是工作方式的转变，更是一种知识管理的哲学。在标准化体系中，生产者几乎没有优化流程的权力，他们必须严格遵循既定的流程。而在知识生产者的组织中，每个成员都具备独立思考和优化流程的能力。组织不再是固化的机械运作，而是一个充满活力、不断变化的系统。

这种管理模式的核心在于创新和灵活性。知识生产本质上是一个非线性、动态调整的过程。在这个过程中，知识工作者通过试错和不断优化，逐渐接近最优的解决方案。与工业时代强调的生产一致性和稳定性不同，知识生产更注重灵活应变和连续优化。知识工作者不仅需要对现有问题提出创新性方案，还需要在执行过程中不断评判和修正这些方案，最终实现最优解。

笔者曾和国际著名战略咨询公司参与一个大企业的咨询管理项目。这家企业从一个威权组织，逐步走向了"圆桌武士"式的决策体系。这家企业的创始人认为，如果一开始企业就有意建立联创体系，对后面的制度变革而言，阻力会小一些。

这家企业是一个混合管理制度的结构，标准化生产事业部就按照工业时代的科学管理严格执行。传统工业组织以标准化流程为核心，其特点是高度程序化、纪律严明的生产管理。在这种体系中，生产者相对被动，他们只需执行上级管理者下达的命令，工作流程和任务都由预设的标准来限定。管理者处于决策顶端，负责指挥和控制整个生产流程，生产者的自主权几乎为零。这样的组织结构适用于机械化大生产，在当时的环境下具有极高的效率。

在企业的营销事业部，崇尚铁血体系，以成果论英雄，果决杀伐是常态；在企业的战略创新部门，则贯彻"圆桌武士"式的体系，让知识工作者人人都有当老板的感觉，这种主人翁感觉事实上也是重担子。标准化组织制度和适应力组织制度在一家企业内并行不悖，二者之间通过将整个流程拉通，一切都是客户需求来牵引工作。

这些就是制度结构的重构，两种或者三种产业规律可以被整合到一起，构建一个共同的价值观底盘但形态不同的绩效体系。所有的组织架构的长处能够在一个生态下共存，这是典型的顾问式组织的思维方式。

在笔者咨询的案例中，企业在进行制度变革的时候，事实上是启动外部力量完成的，内部人的立场和身份问题，往往无力进行制度层的变革。而这种变革，往往是在企业经营比较好的时候，才能动，变革往往需要预算资源的支撑。

在笔者倡导的制度构建体系中，现实和未来，中国大企业的架构模式，基本都是"一企两制""一企三制"或者"一企四制"等混合模式。驾驭这个多核架构体系的管理组织，就是顾问式团队，顾问式管理团队能够提供这种自带纠错功能的辅助者，在这种顾问式团队中，管理者的角色发生了转变。管理者不再是单纯的指令下达者，而是知识生产过程的协作者和引导者。他们不仅要协调团队成员的工作，还要通过与团队成员的讨论与沟通，帮助他们选择最优的解决方案。这种管理方式更注重共创，强调团队成员之间的合作与知识共享。

顾问式组织会将几个不同的治理架构放置在"以客户为中心"的体系之中，用来统一检验不同体系面对客户所创造的价值。对于如何创建激励到人的体系，我们将在后文中展开。

顾问式团队成员不仅仅是管理者和自我管理者，更重要的一点，就是在接受客户委托之后，千方百计能够将事情干成的人。顾问式工作法强调在必要的时候，有和客户一起冲锋陷阵的内在动力。这里面就产生了一个问题：为什么一个企业已经足够强大了，年产值几千亿元的企业，还要和客户一起去拼搏呢?

任正非在强调企业治理的顶层框架的时候，有几个关键词的思考——思想权、假设权和文化权。笔者觉得这是企业做出行动的基础，只有在世界观和价值观层面想清楚了，才会有可持续的行动。这时候我们就有一个假设，即不要将自己看成是一个大企业，而是看成是一个帮助客户完成任务、满足需求的个人，把自己的企业看成一个顾问人格体，这个事情就想通了。

对企业的修正机制来说，在内部管理中，主要盯着全球最优标杆，进行对标管理，这是免费的内部修正机制；而根本性修正机制，来源于客户的需求，顾问式团队强调客户持续反馈与灵活调整。在这个团队中，工作流程并非一成不变，而是根据外部环境和客户项目需求进行动态调整。管理者会在项目过程中不断进行评判和修正，确保每一步都朝着最优解的方向前进。这种持续反馈机制极大地提高了组织的适应性和应变能力，使其能够快速应对市场变化和技术创新的挑战。

4.项目贯彻执行和个人承诺自行对齐

笔者在前文中阐述过当下企业经营结构的复杂性，很多经营者之所以出现迷茫，就是在这样的复杂结构里迷路了。即使一家中小企业，在理解内部结构和外部结构上，经营和管理都是碎片化的。对此，我们接着前文的内容展开，从顾问式管理团队的角色转变、制度体系的多样化挑战，以及如何驾驭多核架构的复杂性三个方面，来讲述新的管理逻辑如何在项目执行过程中落实下去。

在过去的十年里，管理学界都很少有重量级的观念创新，大家得到的一个共识性结论，那就是经营大于管理。问题是，你的经营在一个什么样的制度框架和管理框架里？没有企业能够回避这样的问题。前置的问题总有一天需要解决。

在人工智能领域，对于大模型的训练已经进入了多模态领域，即系统能够生成人类需要的所有文本、图像和影像。同样，在今天的管理学变革中，企业多核架构模式的崛起，已经是一种趋势了，时代要求企业既输出产品，也输出服务，还要输出完整的解决方案，甚至还要变成客户的雇佣军，帮助客户去应对客户。这样的复杂体系如何执行下去，就是一个问题。

我们需要理解"一企两制""一企三制"或者"一企四制"等多核架构，这很重要。企业发现传统的单一管理体系难以同时应对不同部门的需求。研发部门需要独立的创新和试验环境，生产部门则依赖于标准化的流程控制和高效的资源配置，营销和客户管理部门又需根据市场变化进行灵活应对。因此，企业必须为各部门提供各自的制度和考核标准，以确保每个部门能够在自己的专业领域中高效运作，同时实现整体协作。这种模式为企业带来了更大的灵活性和适应能力，但也产生了巨大的管理挑战。

顾问式管理团队正是在这种复杂的多核架构中应运而生的。它具备将不同体系黏合在一起的跨界架构，类似于隧道和桥梁的连接作用。它的任务不仅是协助企业在多个制度体系下保持顺畅地运营，还肩负着战略指导、制度纠错和流程优化等重任。随着多核架构的发展，顾问式管理团队的重要性愈加凸显。

从管理团队到顾问式团队的角色转变，在多核架构中，顾问式管理团队不再仅仅是指挥者，而是企业内部各部门间的桥梁和协调者。由于不同部门有各自的制度和考核标准，顾问式团队需要在这些不同的体系之间找到平衡点，以确保研发、生产、营销和客户管理部门在各自框架内能够顺利进行。同时，他们还需要识别潜在的问题，并通过协调不同部门来纠正错误或调整流程。

项目贯彻执行过程中，顾问式团队承担着支持者角色，需要深度参与企业的战略规划过程，确保每个部门的目标能够与企业整体战略保持一致。通过这种方式，顾问式团队不仅仅是执行层的管理者，更是企业高层决策的重要咨询者。

在多核架构下，每个部门都有自己的考核标准和制度体系。研发部门的考核重点通常在于创新的质量和研发进度，生产部门则关注效率、产量以及成本控制，而营销和客户部门则更侧重于客户满意度、市场占有率和销售额。这种多元化的考核体系可以让每个部门专注于自身的核心职责，但同时也带来了巨大的管理挑战。

顾问式团队参与项目执行过程，一是支持项目实施过程的顺利推进；二是完成建制者的任务，将推进过程中的经验和教训变成流程的一部分，不断优化流程。

尽管每个部门都有其独特的制度和考核体系，但这些体系必须在企业的整体战略框架下协调运作。通常有专门负责联络整个流程的副总裁等进行协同，一个项目一个全流程负责人。顾问式团队需要在部门之间建立沟通机制，通过信息共享和跨部门协作，确保各部门能够为共同的企业目标服务。

在端到端的流程执行过程中，顾问式团队通过不同的流程汇总，负责监督整个项目的执行，确保不同部门的工作能够无缝衔接。通过流程优化，顾问式团队能够提升企业的整体效能，从而推动业务的持续增长。

那么，我们可以回过头来，反思一下：顾问式团队能不能胜任这样的工作？答案是可以，顾问式管理本质上是用流程在管理人，而不是人管理人，而且在数字智能化管理体系中，数据和 AI 能够帮助团队看到整个流程上的卡点和关键成功因素。

顾问式管理一般都秉持"从问题到解决"的基本框架，有了这样的一个目标，企业都会去逆向分析全球第一团队如何实现的。比如华为手机可以跟好孩子童车去学习用户社区运营，以获得整体的运营体感，把事情一次做正确还是非常重要的事情。

顾问式管理团队的重要特征之一是其自带的纠错功能。在企业的日常运营中，错误和偏差难以避免，尤其是在多核架构下，不同部门的制度和考核标准差异较大，容易导致沟通不畅或执行失误。顾问式团队的纠错功能不仅体现在识别和解决问题上，更在于通过不断优化流程和制度，减少错误发生的可能性。

这种纠错功能的关键在于持续改进。顾问式团队通过对项目的执行情况进行定期评估，识别流程中的瓶颈和不足，并根据实际情况进行调整。例如，在研发和生产之间的衔接过程中，如果发现研发部门的创新成果难以被生产部门快速转化为可行的产品，顾问式团队可以协调双方的合作，优化技术转移流程，从而提升整体效率。

此外，顾问式团队还可以通过数据分析和反馈机制，及时发现问题并做出反应。通过引入数字化工具，顾问式团队可以实时监控项目进展、资源分配和绩效表现，并根据数据分析结果进行调整，确保项目能够按照计划顺利推进。如果盯着数据还不能发现本质，那就直接走一线，发现真正的问题。

多系统的多元考核体系，是顾问式工作法之中的关键环节。在任何团队的管理系统之中，战略执行和考核系统必须同步到位。当然，对于知识工作者而言，这种考核体系在轻松和肃杀之间，需要做到更好的平衡。

对于"一企多制"考核体系，这是一个难题，由于每个部门的工作内容和目标不同，考核标准的制定也会有所差异。这种差异有时会导致员工对考核公平性的质疑，尤其是在跨部门合作项目中。顾问式团队需要确保考核体系的透明度和公正性，建立明确的绩效评价机制，明确拉开收入差距。

多元系统的绩效考核机制成功实施，依赖于企业内部良好的沟通机制和数字化管理工具的支持。没有强有力的信息化系统，顾问团队难以对个人任务进行实时的跟踪和干预，因此，也无法评估一个人的贡献。除了落实个人头顶的数字化考核体系，顾问式团队还可以引入综合性考核指标，通过多个维度的考核来评估员工的表现，减少单一指标带来的偏见。

同时，企业需要留下员工申诉的空间，通过合理的沟通渠道，及时解答员工的疑问。建立多元评估系统，从而保证员工觉得自己的薪酬和收入体系是合理的。

5.致力于战略执行和服务能力的成长

在企业中，不同的人才聚合才能够构建合格的团队。很多人认为"个人＋平台"模式是未来的一个主要方向，事实也正是如此，个人可以是员工的角色，也可以是合伙人的角色，在服务业平台上，合伙人模式是比较普遍的一种职业形态。平台和个人之间的关系，最终还是要激发出个人的生产力，也就是让个人为自己而干，达成"有恒产，有恒心"的自我管理的目的。在经济学里，有一个基本假设，那就是人为了获得更大的私利可以做更大的资本和人力投入。顾问式工作法也需要顺应这样的基本逻辑。

不过，从目前全球大企业的管理模式而言，企业通过一些非常精细的管理工具，也同样可以达到"平台＋合伙人"的目的。哪怕一个企业有20万员工，也需要激励和考核到一个具体的个人，将个人绩效清晰地纳入管理范畴，为了应对这一挑战，"个人承诺书"PBC（Personal Business Commitment）模式应运而生。借鉴WBS（Work Breakdown Structure）的由上往下的任务分解＋由下往上的个人承诺，PBC模式是一种将企业战略逐步解码，最终落实到每个员工个人层面的管理工具。它通过将企业的宏大目标分解为小团队的项目，再进一步细化为具体的个人任务，让每个员工对自己的任务做出承诺，确保战略执行能够切实落地。

企业的战略来自管理层的战略机会洞察和共识，这是一个战略管理者和顾问专家充分协商然后实施的过程，是自上而下的决策过程。其间也包含了自我否定和辩驳的内在论证过程。

PBC 模式的核心理念是通过自下而上的任务承诺，将战略目标具体化为个人可执行的任务，促使每一位员工都成为战略的一部分。在这种模式下，企业首先对整体战略进行解码，明确需要完成的目标、关键结果以及各个部门的任务。接着，管理层将这些任务进一步分解为小团队的项目，每个小团队根据自身的职责范围，制订出具体的工作计划和任务清单。

一旦任务清单确定，团队中的每个成员都需要对其承担的任务进行承诺，明确完成任务的时间节点和质量标准。这一承诺并不仅仅是对上级领导的保证，更是员工对团队和企业目标的责任体现。在 PBC 模式下，任务不仅有明确的时间倒计时，而且每个员工的完成质量也被纳入绩效考核系统，进一步提升了员工的责任感和执行力。

通过这种方式，PBC 模式将企业的战略目标与个人日常工作紧密相连，使得每位员工都清晰地知道自己在战略执行中所扮演的角色，以及自己的工作对企业整体战略成功的贡献。

战略解码千头万绪，是典型的"系统工程方法"的体现，前文我们已经说过，分解到个人的任务并不是标准化的具体事务，而是一种至少有30% 甚至更高比例的探索性任务。因此，在执行过程中，会有大量相互求助的行为，也就是互为顾问的知识互助过程。在项目子系统之间的集成过程中，顾问团队作为战略执行的监督者和支持者，发挥着至关重要的作用。顾问团队不仅需要对企业的整体战略解码过程进行指导，还需在个人任务的执行过程中，提供必要的干预和调整，确保项目能够按照既定的时间表和质量标准顺利完成。

在 PBC 执行过程中，管理团队既要进行协同管理，也需要作为顾问团队实施辅助，每一个执行者都有顾问辅助，而不是变成"个体"，"个体＋顾问过程辅助"才是更好的工作方式。

顾问团队在战略解码过程中扮演着协调和优化的角色。企业的战略目标通常涉及多个部门和业务领域，各个部门之间的任务关联性强，稍有不慎就可能出现资源浪费或目标冲突的情况。顾问团队需要在战略解码的过程中，协调各部门的任务分配，确保每个小团队的项目计划符合企业整体的战略目标，并能够在执行过程中保持一致性。

在任务分解到个人层面时，顾问团队负责对任务的执行进行监控和干预。在 PBC 模式下，个人任务进入倒计时模式，顾问团队可以通过数字化管理工具，对任务的进展进行实时跟踪。当发现某个任务的执行进度出现延误或质量不达标时，顾问团队需要及时介入，帮助员工分析问题所在，并提供解决方案，必要时进行任务的重新分配或调整。每一个顾问团队都有责任保证自己在系统集成过程中不掉队，按质按时完成项目任务。

管理和顾问双重功能的管理组织，需要发掘群体智慧，团队还需提供反馈和改进建议。在任务执行过程中，顾问团队定期对个人任务进行评估，并通过数据分析和绩效反馈，帮助员工优化工作方法，提高任务完成的效率和质量。通过这种持续反馈机制，员工能够在实际工作中不断提升自己，顾问团队也能够确保企业的战略执行过程始终保持在正确的轨道上。

基于个人承诺和顾问辅助的工作模式，内含了一些探索机制，从经济学的底层原理来说，分工到极致之后，员工就能够做到"单点杰出"，这正是管理系统追求的东西。某一个工程师，虽然只是做了一点自己的工作，但在全球可能已经达到前三。管理的目的一是获得业绩的增长，二是获得能力的增长。在这个"管理＋顾问"体系之中，促进企业能力成长更加具备战略性和未来性。不会因为企业规模庞大、部门众多、分工精细等，战略执行会在层层传递中出现失控和失效的问题。

PBC 模式的实施也面临着一定的挑战。任务的分解和承诺虽然能够提高员工的责任感，但同时也增加了员工的压力。特别是在多任务并行时，员工可能会因为任务数量过多而出现疲劳或效率下降的情况。

因此，顾问团队在监督任务进度的同时，还需要关注员工的工作负荷，适时进行调整，确保员工能够在高效工作的同时保持良好的身心状态。从控制命令式的管理模式过渡到员工"自我压榨式"的管理模式，最终还是要思考工作和生活的再平衡，因为命令控制有私人空间，而"自我剥削"式的极致努力对于私人空间和生活方式是一种侵占。

第九章

企业组织需要顾问式领导者

1.顾问式领导者，从权威者到召集人

在当下的专家型组织中，传统的威权式领导模式逐渐难以适应复杂多变的市场需求和知识更新节奏。因此，如何通过领导力转型推动组织持续创新和高效运作，成为众多企业家和管理者的核心课题。用支持和鼓励替代控制，这是众多企业都在实验和实践的制度探索体系，到今天，也没有一个共识性的答案。在这一背景下，"顾问式领导者"这一新兴的领导角色应运而生。顾问式领导者不仅是对个人领导力的重新定位，更是一种对企业组织机制的深刻理解和变革尝试。

顾问式领导者是笔者在推进顾问式工作法过程中，通过实践和思考推出的一个概念，代表了一种新领导力的类型，只在一些创新型和知识型组织中适用。这一概念区别于传统的威权型领导，它反映了一种更加柔性化、合作化的领导方式。在传统的威权型组织中，领导者通常拥有绝对的权威，决策权力高度集中，企业内部的决策流程主要依赖于领导者的个人判断。然而，这种单一决策模式在现代复杂的商业环境中越来越不合时宜。

事实上，限制企业领导者和战略管理者犯大错，是组织治理的根本问题，如果领导者不主动放弃威权地位，企业组织规则包括《公司法》层面，都很难进行制衡。从某种程度上来说，只有客户能够制衡企业的权力结构，这也是需要从深层次再次去理解"以客户为中心"的战略制衡价值。

但当人才资产和技术系统比土地、机器和资本更为重要的时候，一部分知识企业的管理重心就转向了人力资产和资本的经营。顾问式领导者面对比自己在专业领域更为出色的下属时，意识到自身的局限性，并主动放下部分权威，而转身成为"影响力领导者"，虽然在制度层还拥有一票否决权，但不会轻易去动用这个程序。他们选择成为组织中的"召集人"。这一角色定位意味着领导者不再仅仅依靠个人的认知与判断来引导企业发展，而是通过集群智慧的激发与整合，推动团队共同作出决策。

顾问式领导者与传统领导者最大的不同在于，他们的领导行为并非依靠命令和控制，而是基于沟通和协调。他们更像是企业的秘书长，负责搭建平台和机制，以确保每个专业领域的专家能够有效参与决策过程。这种领导方式强调了开放性与包容性，顾问式领导者不仅关注团队中每个成员的意见，还致力于引导他们从不同的角度提出见解，确保决策的多元化和科学性。

在数字智能化时代，组织内实现了信息平权，之前，领导者维系权威的根本方式是控制信息权，所有中高层管理者向一个人汇报工作，领导者获得整个企业组织的全局信息，并依照这样的信息中心地位做出决策。现在，企业的关键信息结构已经发生迁移，企业关键战略机会洞察也许在一个前线的"班长"的洞察里，或者在哪一位工程师的工作中，这是企业领导方式转变的根本原因。

顾问式领导者的核心理念是对集群智慧的信任和依赖。所谓集群智慧（Collective Intelligence），指的是团队中不同个体通过协作和信息共享，所产生的超过个体能力总和的智慧成果。这一理念在互联网时代的企业管理中得到了广泛的认同和应用，这是全球大企业治理的基本框架。

在当今的专家型组织中，尤其是在高科技、科研、金融等知识密集型行业，企业往往依赖于各个专业领域的顶尖人才。然而，即便领导者自身是行业中的佼佼者，也不可能在所有领域都具备顶尖的专业知识。因此，顾问式领导者承认自己在认知上的局限性，并通过建立机制，将各个专业领域的专家凝聚起来，激发集体智慧，从而帮助企业做出更加准确和前瞻性的决策。

这一理念的提出，打破了传统企业中"老板万能"的神话。顾问式领导者坚信，企业的未来发展不应该再依赖于个别人的聪明才智，而是要依靠整个团队的合力。通过开放式的决策机制，顾问式领导者能够更好地利用团队成员的智慧和经验，推动企业在复杂环境中创新与发展。按照这个逻辑，我们就能够理解一些知名企业"去英雄化"的组织变革过程，将权力放到流程里，其目的就是激发组织的群体智慧。

搭建开放的决策机制是领导者需要做的事，他依然拥有建制者的责任。顾问式领导者并非放弃领导责任，而是通过搭建机制来保障团队中的每个成员能够有效参与决策。为此，顾问式领导者需要设计一种开放式的决策流程，确保团队成员的观点能够被充分表达和讨论。例如，通过设立定期的务虚、务实会议，对于未来挑战进行讨论，或通过使用项目管理工具进行跨部门的协作讨论，领导者可以在团队内部构建一个开放的讨论平台，让每个成员都能够为决策过程贡献自己的专业见解。

沟通是顾问式领导者的主要领导工具。与传统威权式领导模式不同，顾问式领导者并非单向传达指令，而是与团队成员保持双向、频繁的沟通。通过倾听、反馈与协调，顾问式领导者能够及时了解团队中的问题和建议，从而做出相应的调整。与此同时，顾问式领导者也需要通过沟通帮助团队明确方向和目标，确保每个人都能在统一的战略框架下协作。对于知识型组织而言，高质量的对话和沟通是激发创新的重要形式。

对知识和专家型组织而言，领导者要发挥领导力去充分挖掘人才的潜能。说顾问式领导者是杰出人才的服务员也不为过，在知识产出上，从0到1的创造性人才向来稀缺，在某些情况下，可能需要对制度进行定制化设计，以确保既满足各部门的个性化需求，又能实现企业整体的高效运营。这和上文提及的"去英雄化"似乎有了矛盾，事实上，在独特的创造性领域，向来都有特事特办的单独通道，为天才铺路架桥也是一种工作方式。

在开放的决策机制中，顾问式领导者不仅要激发团队成员的智慧，还要通过适当的激励机制，提升他们的责任感和创新积极性。这里的激励不单单指物质上的奖励，更多的是赋予成员决策权和成就感。当团队成员意识到他们的意见和决策能够对企业产生直接的影响时，他们会更加积极地参与到工作中，并对决策结果负责。

企业需要聚焦资源于关键领域，而有意识地舍去非关键领域。在决策过程中，很可能会出现个人判断的盲区，通过开放式的讨论机制，团队中的不同意见可以得到充分表达和协调，从而避免了领导者独断专行可能带来的决策偏差。好策略是面对未来，保持聚焦。这对一些传统企业中的高层领导者来说，可能是一种较大的心理转变。当然，做到如此，需要领导者的雅量，承认自己的局限性，尤其是在面对比自己更加专业的下属时，能够坦然接受他们的专业意见。同时，顾问式领导者需要在集群智慧和决策效率之间找到平衡。通过正确的机制设计与沟通实践，顾问式领导者无疑将成为未来专家型组织中的关键角色。

2.用战斗力思维推进企业业务管理

战略决策带有一定的间歇性，企业不可能每一天都有重大决策。因此，战略领导者需要向顾问式领导者和业务领导者角色做自然转变，从战略到业务的工作转型，是必然面对的事情。

顾问式领导者在管理企业时，通常专注于两个核心领域：知识管理和战略管理。知识管理涉及如何通过集群智慧来推动企业创新，战略管理则关注企业的长远发展规划。然而，在确保知识和战略管理流程稳定之后，领导者必须进一步将注意力转移到业务层面，确保企业在战术执行上保持足够的灵活性和战斗力。

业务层面的灵活性和战斗力要求领导者在实际操作中不断平衡战略规划与战术执行。虽然顾问式领导者倡导在决策中激发团队的集群智慧，但在业务执行中，决策往往需要迅速果断。这是因为市场的变化速度非常快，如果企业在执行过程中反应迟缓，可能会错失宝贵的机会。

顾问式领导者必须辅助业务管理者，确保企业拥有一支高效的、训练有素的业务团队。这些团队成员在各自的业务领域内都具备强悍的执行能力，能够根据市场变化迅速做出决策和调整。类似于军队中的"兵王"，这些业务团队必须能够在复杂和不确定的环境中独立应对挑战。企业不仅需要专家队伍，也需要一流的业务战将。业务领域，是一种挑战性的领域，出色的业务战将能够以各种巧妙的方式参与竞争，将企业的产品和服务营销出去，某种程度上来说，营销领域也是容纳天赋者的领域。

在一些成功营销的案例分析中，营销团队吃苦在先，坚毅和韧性的品质，获得客户信任并不是一件容易的事情，需要很强的同理心。这是耗费心力的领域，要求业务团队具备敏捷的反应能力。在前线打仗时，业务团队需要随时根据客户需求、市场反馈和竞争对手的动作进行调整，而顾问式领导者必须在后台为这些调整提供支持和保障。

战略管理过程的总抓手是战略财务，将业务与战略财务系统整合是企业进行平衡管理的基础工程。顾问式领导者在过程管理的干预中，需要确保企业的业务形式能够与战略财务系统无缝对接。财务预算才是企业运作的内在动力，企业的意志和目标只能体现在财务上，人在哪里，钱在哪里，这是同步的工作。顾问式领导者一定要实现战略财务领域的流程畅通。

确保每一笔业务收入的产生，都应该与企业的整体财务规划相关联。通过专业化的管理流程，企业可以确保每一个业务环节都为战略目标服务，同时保持健康的现金流和财务状况。这种整合不仅能够提高业务的执行效率，还能够确保企业在战术执行过程中不会偏离战略目标。

现金流是所有企业的生存基础。顾问式领导者在注重知识管理和战略规划时，必须时刻记住企业的生存需求。无论多么先进的管理理念，最终都要通过现金流来验证其有效性。企业只有能够通过日常经营保持足够的利润和现金流，领导者的战略规划才能得以实现。

为了保持健康的现金流，企业必须确保在业务层面的高效运营。顾问式领导者在推动企业向前发展的过程中，应该始终关注业务的实际表现，并确保每一个决策都能够为企业的经营提供正向反馈。通过灵活的战术执行和高效的业务流程，企业才能够在激烈的市场竞争中获得足够的现金流支持其长期发展。

企业的生存和发展始终依赖于现金流和业务的强悍表现。无论多么优秀的企业，都不能忽视"生存"这一基础。因此，在确保组织知识和战略流程得当的基础上，顾问式领导者必须将更多的注意力放在经营层面，确保企业在市场中保持足够的竞争力和战斗力。

笔者在项目咨询过程中，对营销制度体系的理解，有一个共性，即市场观察的镜头多数情况下都给予了领导者，而没有给予一线的将士，事实上，那些看似文化温暖的企业，在营销领域也基本都是铁血体制。这让我们反思，并且提出一个问题：为什么在数字智能化时代，营销体系还基本都是"达尔文模式"？

顾问式领导者通常强调组织的开放性和协作性，这种模式有助于激发团队的创造力和责任感。然而，开放式的管理并不意味着一团和气。事实上，企业要想在激烈的市场竞争中生存下来，必须在流程管理中保持一定的压迫感。

这种压迫感并非来自威权式的领导，而是来自客户需求的拉动，促使整个企业系统运转起来。企业整个系统流程的逼迫，当业务团队在执行过程中感受到时间和业绩上的压力时，他们往往会更专注于工作，并快速做出决策。这种双向的管理方式能够确保企业在保持创新能力的同时，具备足够的战斗力来应对市场中的不确定性。

在顾问式领导者的组织中，所有人都是打出来的，即使类似于网剧中的"世子"继位，也需要从一个小兵自己干出来。这就是流程管理的威力，经历过足够挫折和困难的人，才能够在组织中拾级而上。

3.基于共识的价值观领导者

企业经营者面对着无数诱惑，尤其是短期经营带来的利润增长和快速回报，让经营者埋头赚钱，不顾即将到来的外部风暴。这种短期利益的驱动常常导致企业偏离其长期战略目标，甚至可能因此失去市场竞争力。然而，真正的领导者始终有自己坚定的"北极星"，能明确的企业价值观和战略方向。市场就是如此诡异，明明看起来平坦的道路，其实是最危险的道路。而顾问式领导者能够在短期诱惑和长期发展之间找到平衡，通过价值观指引企业的每一步行动。这不仅决定了企业的长期竞争力，更为企业的未来奠定了战略的基石。

缺乏价值观领导者的企业，其实是市场之中，最容易找到的失败模型。短期经营成果的诱惑无疑是许多企业经营者面临的主要挑战。经营者往往倾向于将大部分资源集中在能够快速看到结果的领域上，例如一些企业，只做了浅碟型的努力，推动销售额、扩展市场份额或降低成本。这些操作尽管在短期内可能带来良好的财务报表和股东回报，但却容易导致企业忽视长期战略的执行。如果仅仅追求眼前的利益，企业可能会逐渐偏离其核心价值观，失去竞争优势。

短期收益的追求往往伴随着对外部环境的忽视。企业在市场中不过是一个微小的组成部分，而市场环境是多变的。无论企业多么专注于业绩扩张，外部的宏观经济、政策调整、消费者偏好以及技术变革等因素都在不断影响着企业的增长速度。一旦环境发生变化，原本设计好的扩张计划可能不再适用，甚至可能导致企业陷入困境。因此，短期业绩并不能保证企业的长期成功，真正的挑战在于如何在不确定的环境中坚持企业的核心战略。

这样的错误，不仅发生在中小企业身上，也发生在大企业身上，包括一些世界级的企业，都会出现价值观衰退而向短期价值过度妥协，造成败落的情况。顾问式领导者的存在，就是要阻止这种衰败的发生。相比于单纯追求短期业绩的经营者，顾问式领导者更注重确立和坚持企业的核心价值观。在复杂的市场环境中，企业的价值观不仅是一种道德标准，也是一种明确的行动指南。它为企业指明了什么是应该做的，什么是不应该做的，并帮助企业在面临诱惑和压力时做出正确的决策。

顾问式领导者通过价值观的确立，制定出了一套筛选人才的标准。这个价值观不仅是企业内部文化的一部分，更是一种"滤网"，决定了什么样的人可以留下来，什么样的人应该被淘汰。对一个企业来说，拥有与其价值观相符的团队至关重要。一个具备共同价值观的团队在面对困难和挑战时，能够保持一致的行动方向，确保企业不会因为短期利益的诱惑而迷失方向。

企业的扩张固然重要，但如果这种扩张是以牺牲战略方向为代价的，那么短期的成功很可能会变成长期的失败。企业中的员工为了追求眼前的成功奖励，往往倾向于将所有的资源投入单一目标，忽视了创新和长期发展的重要性。这种做法虽然在短期内可能看起来有效，但却容易让企业陷入一种"唯成绩论"的陷阱，导致企业失去灵活性和创新能力。

在这个方面，中国企业可谓教训深刻，这也是顾问式工作法需要推广的原因。企业的经营者过度向现实妥协与不敢面对创新失利的恐惧，一直倾向于去摘果树上低垂的果子。忽略了客户真正的痛点，这种恐惧是可以理解的，因为创新与战略方向的坚持往往伴随着巨大的风险。企业在创新过程中，常常需要将资源同时投入现有业务和未来发展中，这不可避免地会带来短期收益的波动。在面临业绩压力时，许多经营者选择妥协，专注于眼前的经营成果，忽视了对未来的投资和创新。

顾问式领导者与价值观领导者不同。他们能够在短期波动中保持冷静，坚持企业的长期战略目标，不为眼前的压力所动摇。这种坚守不仅仅是一种管理技巧，更是一种深思熟虑的领导哲学。在面对市场环境的变化和竞争压力时，顾问式领导者通过企业的价值观，帮助企业保持战略定力，确保其在短期利益和长期发展之间找到最佳平衡。

顾问式领导者不仅仅关注企业的短期经营，更强调系统性思考。这意味着他们能够从更高的视角俯瞰企业，看到其在整个市场中的位置与角色。将企业从病态的运营状态拖回到正确的轨道，需要基于价值观派生出来的行动原则，这也是很多企业在做扁平化结构之后，还保留一票否决权的原因所在。群体有时候是软弱的、短视的，价值观领导者需要和群体去做对抗，并且能够建立新的共识，为捍卫价值观而付出的代价，这是领导者已经思考清楚的问题。企业的每一个行动，不仅仅是为了当下的经营成果，而是为了企业的长期战略布局服务。价值观领导者通过这种系统性思考，确保企业不会因为短期的成功而迷失方向。

在价值观坚守的问题上，那些有贡献并且在价值观边界之内创造价值的人，理应得到企业的尊重。领导力就是基于基本原则，表明什么样的行动是组织支持的，什么样的行动是组织反对的。

价值观领导力不是一种画地为牢的自我限制，相反，价值观体现出来的是一种范畴，即在范畴之内，企业多层经营者都有依据价值观进行决策的临场权力。顾问式领导者还能够有效应对市场中的不确定性。通过确立清晰的企业价值观，他们为企业提供了一套应对外部环境变化的标准。这种标准不仅仅是企业内部的道德指南，更是企业在外部竞争中保持一致性和灵活性的关键。

无论外部环境如何变化，顾问式领导者通过价值观的引领，确保企业始终保持清晰的行动方向，不会因为短期的诱惑而偏离航道。

我们必须为客户做正确的事情，这就是顾问式领导者所秉持的方向。路很长，拐弯太多，开创一项事业必须保持真诚。价值观可以形成领导者准则，做一个超越者，需要意志力。对走长路的人来说，信念很重要，否则很容易被自己的恐惧击垮，真正拥有献祭信念的人，事业放置在面前，是一定要做好的，这就发挥了自己真正的领导力。

4.学习型领导者引领"智识型"组织

三人行，必有我师。这个事情的背后逻辑就是学习型组织的行为实践，开放学习，站在全局高度，做知识集成者的角色。

学习型组织，学习型领导者和强势企业文化是企业智识性组织的"铁三角"，这算是一个简单模型，在面对问题的时候，显现"三位一体"的联动特征。

强势文化不仅仅是一个企业的价值观或行为准则的集合，它更是一种根深蒂固的信念系统，能够指导企业的每一个决策和行动。它深植于企业的各个层面，从最高管理层到基层员工，强势文化无处不在。它通过一系列共享的目标、标准和行为，让所有员工朝着同一个方向努力，确保企业在面临外部压力时能够保持一致性和稳定性。

这种强势文化在不确定的时代尤为重要。无论是外部的经济动荡，还是内部的技术革新和竞争压力，企业都难以避免波动和危机的出现。而拥有强势文化的企业能够以其文化底蕴作为支撑，在面对困难时具备更强的抗压能力。企业中的每一个成员都清楚地知道自己在做什么、为什么而努力，这种明确的目标感帮助企业在变化的环境中保持方向感。

全球企业的案例很多，在此笔者不详细展开具体的案例分析，从中长期来看，强势文化不仅是企业的稳定力量，它还是企业突破自我、打破固有局限的动力。强势文化能够帮助企业推翻宿命假设，企业不再受限于外部环境和既定规则，而是通过自我驱动，不断寻找新的发展机会。它让企业不再受限于当前的市场格局和短期困境，而是通过创新和变革，主动破局，为自身创造新的生存和发展环境。

我们可以观察一些拥有强势文化企业的企业形象，他们善于平衡强势文化与领导风格，往往保持着"谦虚探询"的态度，通过极度的开放性，吸纳一切成果的野心，体现在企业行为层面，而不是语言层面。

尽管学习型领导者多是强势文化的缔造者，但他们并不会表现为"强势领导者"，而是更注重制度和流程的建立，让企业逐渐演变为自动运作的"智能机器"。这种领导方式确保企业不会依赖于某一位领导者的个人决策能力，而是通过制度化的文化推动企业的自动化运作，减少对个别领导的依赖。

领导者的本分在于引导企业在强势文化的框架内运作，同时避免个人主义的干扰。这意味着学习型领导者懂得自己的局限，并知道如何通过赋权和制度建设，确保企业能够在没有他们直接干预的情况下自我运作。企业的流程化、制度化让每个员工都清楚自己的角色和责任，形成一种高度协同的工作机制。这种机制下，企业不再依赖于某个人的灵感或决策，而是通过既定的文化和流程自动运转。

笔者在管理咨询服务生涯中，跟随过一些堪称杰出的领导者，他们无一不是学习型的领导者，在现实管理中，学习型领导者往往都是通过不断解决问题，并在过程中不断学习来提升自己的能力。他们不会拘泥于现状，而是通过一系列主动的尝试，推动企业向前发展。这样的领导者具备极强的反思能力和学习意识，能够从每一个成功或失败的案例中找到改进的空间，并迅速应用到实践中。

解决难题会有出乎意料的奖赏机制产生，这是学习型领导者形成的新的心智回路。从知识创新过程中得到好处的人，会继续鼓励创新。这就是"做难事必有所得"的内在逻辑。学习的关键是能够产生新的反馈，尝试新的做事方式、接受错误和失败。这些都会耗费时间、精力和资源。因此，学习型文化必须重视反思和尝试，并且必须给予其成员足够的时间和资源去进行反思和尝试。而承诺、反思和尝试正是顾问式工作法的主要内容。

在这个过程中，学习型领导者不仅仅是解决问题的人，更是创造条件解决问题的人。学习型领导者的学习能力不仅体现在自我成长上，还通过影响整个组织的学习文化，让每个成员都能在解决问题的过程中获得提升，形成整体的"智识型"组织。这种学习不仅仅是技术上的提升，更是一种认知能力的进化。当企业的每一个人都具备这种学习的能力时，整个企业也因此变得更为敏捷和灵活，能够在不确定的市场环境中占据主动。

当创新文化主导着企业，企业将其作为一种经营的自然状态，强势文化其实也就形成了。通过强势文化的塑造，企业能够在面对内部和外部挑战时，保持统一的战略方向，确保每个人都清楚企业的目标和使命。这种文化让企业不再仅仅依赖于短期的市场反馈或利润追求，而是从更长远的角度考虑企业的持续发展。

在企业的生命周期中，强势文化的存在可以帮助企业渡过多个发展阶段的挑战。无论是初创期的资源匮乏、扩张期的组织复杂化，还是成熟期的创新瓶颈，强势文化都是支撑企业前进的重要力量。它不仅仅是一种操作规范，更是一种思维方式，帮助企业在每一个阶段找到适合自己的前进方向。

"智识型"组织总是能够保持谦卑，而排斥自满意识，保持空杯心态。斯坦福商学院的管理学教授查尔斯·奥赖利认为，那些能够跨越周期的企业，具备在挖掘旧市场的同时还能够去探索新市场的能力。学习型组织在反思、分析和吸收新知识过程中，能够找到突破性的新路。

5.影响力经济时代的领导者细则

在顾问式工作法体系中，顾问式领导者保持谦卑，原因在于"威权管理时代"已经转化为"影响力时代"，影响力是一个特别关键的词语，需要读者去深度思考其背后的一整套体系。

顾问式工作法就是在从权威到影响力的管理革命背景下诞生的，影响力经济时代的到来，标志着企业管理方式的深刻变革。领导者不再是个人英雄式的存在，而是结构性力量的引导者和系统运作的支持者。在这种新模式下，领导者的任务不仅是提升个人的管理效能，更是通过影响力推动整个系统的运作。顾问式工作法为这种管理模式提供了理论支持，强调通过引导和影响，激发企业内部的结构性力量，实现企业的长期发展和创新。

过去，管理的核心是让员工或团队更高效地完成任务，即通过合理的分工和协调提升生产力。然而，随着技术进步、全球化以及生产关系的深刻变化，企业领导模式逐渐从个人驱动转向了结构性力量的主导。这一转变不仅意味着领导者的角色发生了重大变化，还涉及企业整体运营模式的调整。领导者不再是简单的指挥者，而是引导企业结构性力量发挥作用的顾问式引领者。

结构性力量的崛起则更具长期的稳定性和可持续性。这是一种由企业的组织结构、流程、文化和系统所驱动的力量。它将个人能力嵌入企业的运作体系中，通过一系列流程和机制，使得企业在没有个体领导者强力干预的情况下，也能够高效运转。

未来的企业无法再仅依赖于个体的领导和决策能力。即使在关键技术领域和思想领域，个别人依然能够发挥间隙式的爆发潜力，但企业的整体运作将越来越依赖于系统化和流程化的结构性力量。这意味着，企业的成功将更多地依靠组织本身的构建，而非个别人的决策或个人英雄主义。

影响力经济时代的到来，是由新兴技术、社交媒体、数字化平台以及全球市场格局所驱动的。这一时代与工业经济和知识经济有着本质的区别。苹果就是文化品牌和影响力品牌，享受了很多影响力经济的红利。在过去，企业的成功往往依赖于资源的控制和知识的积累，而现在，影响力本身成为一种无形但极具价值的资产。

这种影响力的核心在于"软绑定"。领导者需要找到一种方式，将其他利益相关者，如员工、客户、合作伙伴等，绑定在自己的企业轨道上，从而形成长期稳定的合作关系。这种绑定模式类似于约瑟夫·奈提出的"软实力"概念，通过吸引力而非强制力来实现目标。在这种模式下，企业的竞争力不再只依赖于资源和技术，而是更多地依赖于其影响力和生态系统的整合能力。

笔者和很多企业的管理者交流，对于"影响力领导者"的理解，一般都会产生分歧。影响力领导者拥有一整套的操作细节，在此，笔者总结了六条，供读者进行再思考。

第一，当下的领导者，需要有一种覆盖全生态系统的影响力。对于企业团队和员工的影响是小范围内的行为，体系是不完整的，现在影响力经济覆盖对于数百万甚至数千万用户的间接管理，这是企业的资源，但必须是换一种管理方式才能够进行影响的资源。

第二，帮人塑造身份，让人在身份游戏里获得人生意义的满足。和企业提供薪酬一样重要的事情，是为员工提供一种身份，并且提供一种荣耀机制，让员工在这种拉开差距的荣耀设定中，获得奋斗者的意义，这个意义系统的设计，同样是组织构建能力的一部分。

第三，用影响力规律来设定场域，让个人成为主动者。从自我管理角度来说，操纵人的方法其实很简单，就是操纵别人做承诺。企业挑选有诚信的人，有自我努力潜力的人，这些自我期望者，在承诺之后，会努力保持和自己的承诺一致，然后去实现自己的目标。目标分解给每一个人，每一个人都站在大会上，自己做承诺，自己一定不惜一切努力去完成这个目标，这个承诺就是关键。

第四，建立互助文化，在项目推进的过程中，要求团队成员之间为实现目标，相互支援，形成相互亏欠的人情和情感，继而形成"拼死相救"的纽带。高度信任的关系，就是彼此不设防，逐步排除出价值观相悖的人，形成一种紧密的信念组织，这是逐步提纯的过程。

第五，领导者需要具备敏锐的洞察力，能够识别出组织中的潜在问题和机会，同时具备出色的沟通能力，能够有效传达企业的愿景和战略，让员工在情感上和心理上与企业保持一致。这种影响力的构建不是一蹴而就的，而是通过长期的沟通、合作和信任积累得来的。

第六，在推动组织变革时，领导者的影响力能够帮助突破阻力。变革往往伴随着不确定性和抵触情绪，传统的强制手段可能会引发更大的反抗，而通过影响力，领导者能够更加柔和且有效地引导组织接受变革。这种变革是基于共识和合作的，而非简单的权威执行。

以上只是要素简单罗列，对用户市场而言，企业影响力能够带来品牌溢价，领导者的角色从权威的掌控者转变为过程的引导者。他们需要更多地关注系统的运行，而不是每一个具体的决策。领导者的任务是确保系统的每个部分都按照既定的轨道运行，解决运行中可能出现的系统性问题，并引导系统朝着正确的方向发展。

数字化管理工具和系统流程是影响力领导者的拿手兵器，领导者需要更多地依赖于数据和分析工具，通过对系统的全面了解，预测未来可能出现的问题，并提前采取措施。在尊重系统自主运行的情况下，选择需要支撑的业务，可以进行深潜式干预。

顾问式工作法是一种更加灵活、协作的管理方式，它尊重企业内部的系统力量，并注重如何有效引导这种力量。领导者的职责从指挥者转变为引导者和顾问。领导者不再是单纯的决策者，而是帮助团队识别问题、提供资源、制定策略，并确保整个系统在既定轨道上高效运转。这种转变意味着领导者必须更加依赖于影响力，通过软性手段影响组织内外的各个利益相关方。

6.领导者的心智管理

顾问式工作法强调心智管理，特别是企业领导者的心智管理，心智模式类似于认知模式，但却对一个人的思考模式产生影响更深，包括生命早期带来的体悟，在发展事业过程中，也会突然冒出来，影响企业的决策过程。

有人总结了两种行为模式，代表了心智模式的投射，一种叫"盲人摸象"，一种叫"刻舟求剑"。这都是心智领域的"自我囚禁"现象，这些人都属于中途迷路的经营者，如果没有极强的心智刺激和引导，靠自己很难走出去。

简单描述改变一个企业家和企业领导者的心智模式是非常困难的事情。对于企业家的心智管理，需要建立单独的咨询通道，这是特殊的超越性的理念再造工程。企业家都是企业的创始人，也是企业一切的源头。在组织层面，企业家的心智模式影响一个企业的士气，在经营层面，心智模式影响着企业做正确事情的能力。

从笔者的咨询经验来看，很多企业领导者的周围，盲从者占据多数，功成名就的企业家如果不有意要求周边汇报者讲述真实情况，周围人都会掩饰，这是科层制组织的通病，如果领导者不自知周围的人会扭曲信息，那两种心智囚禁的模式就会打开，看似开放的人，心智会进入自设的笼子。

发生这些事情的原因很简单，企业的领导者往往是企业游戏规则的设定者，制度的设定者。一个企业的管理可以启动结构化的力量，也可以启动权威力量，而在法权层面，如果领导者想要重新获得独断的决策权，他随时可以退回到"企业君主"的位置。事实上一票否决权就在自己手里。相较于企业的现实困境，解决企业领导者的精神困境更加棘手，精神困境中的人，会做出很多基于情绪的决断，再多的数据和计算也不能左右领导者头脑中的心智图像。企业的衰败其实就是从领导者的衰败开始的。

作为管理咨询顾问，在和企业领导者进行交流的过程中，笔者觉得需要针对四方面进行探寻式的交流。

第一，还是以"客户为中心"，找到客户"非我不可"的理由。在探讨这个问题的时候，事实上就是在谈论企业权力的归属问题，我们会明确告诉客户，企业内一切资源包括企业领导者自己，本质上都是客户的"服务生"，这是常识，但常识需要说五十遍以上，才会成为重视的观念。在这个基础上，企业需要建立系统化的服务能力，因为能力体系是一种势能。

第二，聚焦企业在行进中最大的问题。这是一个开放探讨的问题，事实上，即使在一些专断结构的企业里，当企业开始识别最大问题的时候，这也是一种企业心智重塑的过程。很多国际企业会邀请作家进入企业和顾问团队一起工作，将企业总体的心智转变过程，将相关理念做成图书进行出版，做企业的文化项目，并把这样的过程当成是新共识形成的过程。识别出来的问题，需要将问题放在首位并予以解决。

第三，设立批评与自我批评的机制。这类似于"民主生活会"的定期机制，按照共识型沟通的模式，每一个人，包括企业的领导者在谈论自己工作的时候，按照一个体系，即褒扬自己的内容占四分之一，自我批评的内容占四分之三。其他团队的成员也是如此，这种机制的建立，在刚刚导入的时候，对团队的心智可能会产生一定的冲击，但在常态化之后，这就成为习以为常的一种议程模式。问题暴露得越多，坚持诚实坦率的机会也就越多。

第四，只有当团队成员学会相互信任时，才能具有完全的任务相关信息，当团队的规则允许各方相互告知真相时，信任就基本建立起来了。学习型领导者的主要挑战之一是如何建立一个不必面对面接触就能实现相互信任的网络。要做到这一点，学习型领导者最重要的技能之一就是在适当和必要时展现个人能力。在拥有判断力的时候，还需要勇于接纳新事物，碰到新事物，可以委托顾问团队研究出结论，领导者要成为思想权、假设权和文化权领域的探索者，成为组织的观念生产者。

在组织内部，领导者的心智模式不仅影响着个人的工作表现，更会深刻地影响整个团队的士气和文化。一位积极主动、解决问题能力强的领导者往往能够将这种文化传递给团队成员，激发他们的工作热情和创造力。

领导者依赖的是主动的团队，优秀的团队往往具有自主解决问题的文化，他们敢于挑战困难，追求卓越。这种文化可以激发团队成员的内在动力，让他们愿意承担风险，勇于尝试新事物。在这样的团队中，每个成员都是主动请战者，愿意接受挑战，并展现开疆拓土的勇气。顾问式领导者会清醒地认识到群体心智管理的价值，管理就是管心，形成心灵共振的网络。

心智共振和文化共振是一种相互作用的过程，在问题导向的组织中尤为重要。良好的沟通和合作氛围使得团队成员能够充分发挥各自的专长和潜力，从而共同创造出更加创新和有效的解决方案。在这种文化共振下，团队成员之间建立起互为顾问的关系，相互学习、相互启发，共同推动团队的发展和进步。

关于企业的士气管理，企业家心智、体力和心力等，这是一个新的管理领域，还需要做更多的探索。大事业依赖团队和价值链大规模的合作，领导者需要认知到，企业的一切力量均来自团队。

领导者的心智模式对团队的士气和文化产生深远影响。通过营造积极的解决问题文化，建立开放的沟通氛围，激发团队成员的内在动力和创造力，领导者能够促进团队的共振和发展。持久的积极文化能够带来稳定和士气，而士气管理正是顾问式工作法所着重关注的领域之一。

第十章

面向客户和组织的变革实践

1.面向对象和问题的顾问式组织构建

在未来，大多数企业组织都可能要转型为顾问式架构的组织形态，这是一个综合观察。原因在于，实业经济不能再提供更多的就业，小比例的工业企业和农业就业人口就能够提供社会所需。而绝大多数就业人口需要在服务业体系中重新组织起来，现在没有的岗位，现在没有的服务形态，都会在新的组织结构中大量产生出来。

我们需要重新设计一切，包括企业组织本身，顾问式组织的工作模式就是持续对话和系统设计，一个是战略文本的形成，一个是系统形式的落地。在展开工作之前，我们需要抛弃从工业时代带过来的基础假设，并且建立新的基础假设，这是我们工作的新起点。

第一，在需求领域，人的精神需求是客观存在的，在面向未来的人生时，精神需求的比重会越来越大。这并不是技术性改变，是系统性改变，而现在满足心智成长和精神需求的产业经济还没有展开，在这个领域里，潜藏的需求并没有被满足。

第二，从工业组织转变为智识服务型组织，这是一种资源革命，主导性的经济形态正在从物产转移到智识创造上。资源回到人本身，成为拥有独特智识和输出独特知识的人，成为主要的价值产出者，重复的智力技能不再是稀缺的资源。每一个服务者需要找到自己的独特性，找到对的事情，并做好基本功。

第三，商业不仅仅是购买，而是精神层面的互感行为。对话和互动是重要的生产行为，不再是辅助行为，这是一种话语生产，基于言语和所有的信息传达系统。企业的本质在于改造局部的语言系统，形成基于共同言语的社区。互感行为不一定是进步体系，可能是基于对生命价值的体悟。商业和交易越来越转变为人格体之间的互为成长的启示过程，即在一个交易当中，是心智在受益，而不是物质在增加。

第四，每一个企业都是百万人的小型数字城邦。这是对企业现实边界的再假设，企业之前只包含数量很少的员工，但现在和未来，大部分企业都是一个数字城市和信息城邦，一切用户和潜在用户，以及利益相关者，都需要被囊括进来，形成一个不断产生新知识的共同体。客户和企业不再是分离的两部分，而是一体化的形态。

第五，顾问式工作法需要从业者像心理咨询师一样去工作。服务工作需要出色的心智洞察，这是一种底层智能，也是一种调适性的工作状态。顾问会在"组织积极心理学"基础上，为用户寻找行为意义。商业和管理系统需要进入心智层面去重新设定，解决心智的问题，然后再解决事务层面的问题。顾问式工作法将自己和客户之间的工作看成是个人和组织的心智成长进化之路，越往深远的未来，服务越偏向于心灵价值的成长。

以上几点，是笔者对未来服务业主导的社会所做的一些假设，事实上，在传统经济学碰到生命价值体系的时候，真正的需求都来自心智层面，从"以我为尊"到"内观自变"，这是个人和组织心智转变的过程，从企业老板到"数字城邦的召集人"这个过程，其实就是组织架构重构的心智过程。企业从一个营利组织，逐步变成数字智能化条件下的公共服务体系，这个企业事实上就是一种意义之网。这是未来很多创始人需要再思考的问题。

20多年前，企业家塞思·戈丁（Seth Godin）在《紫牛》一书中，说了一句很简洁的话："愚蠢的企业还在推销，聪明的企业自建部落。"

相较于传统运营模式，"自建部落"是一种更加现代、前瞻的生存策略。塞思·戈丁在这里所说的"部落"指的是由一群对某个品牌、产品或理念有共同兴趣和热情的人所组成的社群。这些人不仅仅是被动的消费者，更是品牌的支持者和传播者。他们通过社交媒体、线上论坛和线下活动等方式，与品牌互动、分享体验，并吸引更多志同道合的人加入。在这样的部落中，企业走了"群众路线"，从用户中来，到用户中去。这样，企业就可以不再纠结于坚持连续变革的微创新还是坚持突然的飞跃式创新，部落对于两种创新都是包容的，而且服务并问计于用户，是个良性循环游戏。

数字化时代之前，企业想要建立百万人在线的部落，成本太过高昂，在今天，这是一个低成本的数字方案就能够解决的问题，数字化加速了企业组织结构的改变。企业需要更关注如何打造一个让消费者感到归属感和参与感的社区。在这个"部落"中，消费者不仅是产品的用户，更是品牌文化的参与者，甚至是品牌价值的共同创造者。

服务是互动的过程，服务客户其实是和客户相互把脉的过程，这是相互为对象的互变模式。互变模式是面对不确定时代的基本方式，在和客户在互授互教的过程中，顾问式组织在暴露别人问题的时候，自己的问题也会暴露出来。

和用户纠缠在一起，形成的数字组织结构形式，其实是遵循着一种"学习型财富"的积累方式，这是著名数字思想家乔治·吉尔德对于未来财富的定义："如果财富就是知识，那么增长就是学习。学习是经济增长的最佳定义。"在顾问式组织中，相互学习就是在增加财富的总产出。通过"部落"与用户进行持续的对话和互动，企业可以更好地了解市场需求，快速响应并进行创新。这种互动不仅能带来产品和服务的改进，还能激发出新的创意和机会。

在未来，顾问式组织可能会进一步打破传统的组织边界，采用更加灵活和动态的结构。

在一些咨询服务企业中，一些企业已经开始探索"网状组织"模式，组织即部落，在这种模式下，员工不再属于固定的部门，而是根据项目需求随时组成新的团队。这种结构有助于快速响应市场变化，提高组织的适应能力。

顾问式组织的核心生产活动就是学习，学习积蓄认知，认知带来新技能、新知识，学习也是一种创造价值的过程。在医疗系统中，医生的学习行为本质上就是为病友带来价值的过程，总有病友因他的学习而受益。

后工业时代已经到来，服务经济和顾问式组织结构会带来一场范式革命。面对这种转变，顾问式工作法的本质是对企业人职业生涯的一种自救行为。对顾问来说，知识的积累和创造是新的生产行为，知识贡献是顾问式工作法的核心贡献方式。

2.面向客户的六大服务内容

顾问式工作法强调对象感，即企业在服务于市场和客户的过程中，每一个行为都是有指向的。服务是知识传递和心智共振的过程，服务和对象是成对出现的，这就是服务业的规律，研究客户的心智和其真正的需求，贯穿服务的全过程。从医疗护理到企业战略咨询服务，都遵循这样的基本规律，这就为工作实践提供了一些标准流程的可能性。

作为知识生产者和知识服务的传递者，工作的本质内容是"提升人，并让人去实现价值创造"。服务经济和商品定价不同，但在数字时代，可以思考一种定价模式，参照实体产品的定价，形成一种完整的商业模式。

笔者总结了管理咨询业的一般定价方式和收费方式，完整的知识体系，需要被模块化、流程化，形成标准化的服务模块，针对客户的具体需求，进行标准化服务。由于这是一个服务过程，其收费其实类似于产品的售卖，可以一份一份提供给客户。但知识传递过程中，有其独特的创造和探索过程，这就是一个定价商议的过程。因此，借鉴管理咨询类的服务模型，一种是模块化服务的标准收费模式，一种是依据具体服务的内容进行浮动定价。一种模式是以知识产品交付服务为准，一种是以提供面向未来的意义和希望为准。而后者的定价往往更昂贵。

在实体产品经济向服务经济转变时，有一个观念转变的过程。一台冰箱的定价是共识合理的体系，但在一场具体服务培训课程中，有人觉得物超所值，有人觉得一文不值。这种观念差异，使服务业者无法对服务商业活动进行定价，因此，还需要更多的时间来实现认知转变。

有了一些对于基本原理的总结，笔者提供六种服务模型，可以为读者提供参考。

第一，建立"服务产品化"的工作模式。这种模式很好理解，将知识变成某种产品，比如图书出版和数字课程，一个是服务产品化模式，一个是数字产品订阅模式，两种服务模式能够面对全球学习者进行服务内容普及。

举例来说，中国的管理专家出版一本专业书，其实就是知识产品，是服务产品化的过程。而对特劳特和里斯来说，他们将营销理论变成了一本书——《定位》，但这本书只是一个起点，在过去几十年当中，他们在全球传播概念之后，建立了全球服务体系，将定位这个营销领域的需求洞察点变成了一种全球服务，包括在中国，也有大量咨询客户。对中国服务业企业全球化，《定位》及其全球服务系统的背后逻辑值得思考和借鉴。

第二，实现已验证的管理系统移植。一种已经验证过的普遍有效的管理系统，比如集成产品开发（IPD）、关键绩效指标（KPI）、个人绩效承诺（PBC）等管理工具，在全球大企业之中都是普遍适用的。将已验证的管理系统移植到客户的观点，这是管理咨询服务中常见且有效的一种模式，但它也并非全部，依然需要结合客户的实际需求和创新能力来定制化解决方案。

客户可以通过引入已经成功运作的系统，避免从头开始设计管理流程所带来的不确定性。开发一个全新的系统需要大量时间和资源，而移植成熟系统能够显著缩短项目周期，减少探索性投入。已验证的系统通常具备一定的标准化，这使得它能够适应不同客户的基础条件，提供一种"即插即用"的解决方案。

顾问价值在过程中主要体现为"创造性移植"和"适应性调整"，简单复制往往无法适应客户的独特需求。每个企业的组织结构、文化、市场定位、行业规范都存在差异。因此，成功的系统移植必须伴随创造性调整。

创造性主要体现在三个方面：顾问应该不仅局限于眼前的需求，还要为客户提供长期战略规划，帮助企业应对未来的挑战；管理系统移植往往涉及组织结构的调整或流程再造，咨询公司应提供全面的变革管理服务，确保系统实施后的平稳过渡；除了提供系统本身，顾问应通过培训、指导等方式帮助客户内化新系统的操作与管理方法，从而提升企业自身的管理能力。

第三，观念输出者和激发者。战略顾问在变革企业中扮演观念输出者和激发者的角色，这种观念导入的工作看似简单，实际上却非常困难，它不仅涉及战略理念的传递，还牵扯到组织内部的复杂动态和文化层面的深层挑战。在中国的王朝历史中，主动推动变革的人，大多数都处境艰难，换成企业系统也是一样。员工、管理层往往习惯于已有的思维模式和行为方式，要改变这些根深蒂固的观念非常困难。员工长期遵循某种特定的思维方式和流程，习惯成自然，他们可能对新观念持怀疑态度，甚至抵触变革。强大的企业文化有时会抑制外来观念的接纳和吸收。

从顾问工作的实践来看，很多观念层的变革和战略变革，都需要顾问团队长达数年的陪跑，需要战略顾问通过持续的引导和反复的反馈来巩固，使企业逐步认识到新观念的价值。高层管理者可能更容易接受新观念，因为他们有更广阔的视野和战略责任感。然而，基层员工可能难以理解这些宏观观念对其日常工作的具体影响，导致上下层的观念不一致，阻碍变革的推进。对于观念层的变革，改变的是群体的心智，这是从守成者转变为创造者的过程，也是一切绩效的基础。观念导入形成的共识成果就是企业的共识型战略文本。

企业人格体需要经历一种必然的转变，"野心始于自己的欲望，而使命关注他人的需求"。每一个企业都有这样的一个群体心智的转变过程，顾问式工作法就是这种工作内涵转变的主要表现。

第四，明晰价值观的服务和导入行为。明晰价值观的关键就在于经过很长时间的共识构建的过程中，企业从经营者进入价值观构建者，进入价值观构建、组织构建和经营构建阶段，这一类工作具备较强的系统性和持续性。找到企业的核心理念，成为企业战略运营的边界，帮助企业在全球复杂的竞争环境中保持一致性。通过将价值观与战略目标、制度机制、领导行为和员工发展紧密结合，确保文化的长期稳定性和强大竞争力。

以华为的价值观明晰过程为例，借助第三方顾问团队的方式，华为领导团队始终以身作则，通过实际行动来体现公司核心价值观。他们的行为为员工树立了榜样，价值观得以从上到下层层传递。华为内部经常通过总结会议、经验分享等形式，讨论公司在不同阶段遇到的挑战以及应对策略，从而不断优化和强化企业价值观。通过这种持续的反思与总结，华为的价值观得以适应不断变化的环境。华为的价值观构建并不是一蹴而就的，而是通过长期的实践和文化积淀形成的。

以"客户为中心、奋斗者为本、长期艰苦奋斗精神、开放与合作"几个关键词条形成的价值观体系，在字面上看没有什么感觉，但其中隐藏巨大的信息量。公司的一切行动都应服务于客户需求，这是华为快速响应市场、赢得客户信任的根本。员工通过奋斗获得更多机会和回报，形成了一种积极向上的内部竞争机制。华为提倡持续的奋斗和长期的努力，避免短期利益驱动的行为。这种价值观帮助公司应对复杂的环境变化和市场挑战。华为注重与全球伙伴和供应链的开放合作，这不仅帮助公司在技术创新中保持领先，还促进了跨文化的融合。

企业明晰价值观的过程，也是价值观导入的过程，华为的价值观不仅仅是口号，而是与企业的战略目标高度契合。其他企业在构建价值观时，应确保其核心理念能够直接支持企业的发展方向和业务目标，确保员工能够从管理层的行动中感受到这些价值观的真实存在，而非空洞的说教。顾问团队协助企业将价值观融入公司制度和考核体系中是确保其长期有效的关键。企业可以学习华为，通过制度化的方式（如绩效考核、激励机制）推动价值观落地，鼓励员工通过实际行动践行企业文化。企业在面对变革和转型时，仍然需要通过重新强化核心价值观来保持组织的一致性。

第五，创建新系统和新流程。使命是企业标配，但使命需要变成价值观和边界，在此基础上产生目标，这依赖于长期的推进和制度上的保障。使命的引入只是第一步，要让这些观念在企业中生根发芽，必须有系统化的配套措施。这就是顾问式工作法的重要服务类别，创建新系统和新流程。

新系统和新流程都是以问题导向，以目标达成为根本目的的工作流。顾问式组织需要为客户或者为自己的企业寻找战略执行的系统工具，每一个企业可能会有一些类似的管理模块，比如人力资源、战略财务系统等，但在进行工具集成、形成独属于自己的管理系统的时候，这就是创造行为。顾问需要和经营团队一起去解决，管理工具如何组合成为一个独特系统的问题。

顾问团队应该是打磨工具的好手。企业的战略决策、战略解码和执行，战略财务、人力资源、产品研发、绩效考核系统等，企业在面对复杂多变的市场环境时，需要从战略决策到执行形成一套完整而有机的系统。企业的战略决策是一个多层次的过程，需要综合考虑市场趋势、竞争环境、内部资源等多方面的因素。

在战略解码和执行方面，顾问团队负责将企业的战略意图转化为具体的行动计划。他们通过与各部门的密切合作，确保战略目标在组织内部得以有效传达和理解。同时，顾问团队还制定相应的执行路径和监控机制，确保战略在实施过程中能够及时调整和优化。这个过程不仅需要对战略的深入理解，还需要对企业内部资源配置、流程管理等有全面的掌控能力。

顾问团队参与执行过程，主要就是为了验证流程和系统的合理性，并进行研究迭代。最终，顾问团队在为客户提供服务时，不仅要有过硬的专业能力，还要具备系统化的思维方式。他们需要将战略、财务、人力资源、研发、绩效考核等各个环节有机地结合起来，形成一个完整的工作系统。通过这种系统性的工作方法，顾问团队能够帮助企业实现从战略制定到执行的全方位提升，确保企业在市场中保持竞争力并实现长期发展。

第六，深度参与业务流程再造。企业在熟练使用管理工具的过程中，往往面临比使用一台机器更为复杂的挑战。这不仅是因为管理工具本身的协作步骤较多，更重要的是，管理工具的成功应用需要跨越不同层次的理解、培训和反馈机制，才能融入企业的日常运营。为了确保这种工具在企业流程管理中有效发挥作用，企业需要建立多层次的顾问体系，以实现管理工具的系统集成。

导入一种管理工具绝不仅仅是技术安装或流程更新的问题，而是需要深度的文化变革和行为模式的调整。这一过程需要通过广泛的培训，使员工熟悉工具的核心功能、操作步骤和应用场景。这是最初级的步骤，但却是关键的一环，如果员工无法理解工具的价值或感到使用烦琐，工具的引入将无法产生预期的效果。因此，顾问团队需要在这个阶段投入大量精力，确保培训的广度和深度。

在培训之后，管理工具的应用和反馈机制至关重要。企业需要为员工提供足够的时间和资源去实践新工具，同时建立清晰的反馈回路。通过持续的反馈，顾问团队可以及时发现工具在实际操作中的不足之处，并进行相应的调整和优化。这种反馈不仅帮助工具本身的完善，也推动员工不断提高使用的熟练度。反馈机制确保了企业在使用工具的过程中能够不断进步。

工具的使用需要经过不断地实践和习惯养成，最终形成一个完整的行为链路。这就像驾驶一辆车一样，从最初的学习操作，到逐步形成驾驶习惯，最终实现无缝的操作体验。管理工具在企业中的应用过程也是如此：员工不断重复使用，在实践中逐渐形成规范化操作。只有当这种操作成为企业文化的一部分时，工具的作用才能真正发挥出来。

在这个过程中，顾问团队需要确保管理工具不仅仅是一个单独的存在，而是与企业的其他流程和操作系统有机结合，形成本文的第五项服务体系，即完成系统集成。这种系统集成意味着企业的一切战略和战术都可以通过工具反映出来，并在流程管理系统中得以实现。流程管理系统就像企业的操作系统，连接着硬件、软件和人员，将复杂的战略目标分解为具体的可操作步骤。

在新的流程管理系统中，企业的运作不再是各自为战的孤立行为，而是围绕着工具进行的系统化、标准化操作。顾问体系在这一过程中承担了多层次的支持与引导职责，从工具的选择、导入、培训到反馈，每一个环节都需要细致的规划与执行，确保工具最终成为企业流程的一部分，进而推动企业的整体战略落地。

以上六点服务内容，主要针对复杂服务体系，对于简单服务体系而言，也同样需要进行标准化和系统化，复杂服务体系强调的是系统化和创新性的结合，过程导入和反馈回路的构建，在此基础上形成自组织和自进化的特征。这些复杂工具的使用能力，也是一个企业管理水平的标志。

3.面向组织构建的六大服务流程

顾问式工作法作为企业咨询和管理工具实施的核心框架，通常遵循六个关键步骤：问题定义、信息收集、假设推断、数据分析和解决方案制定、方案实施、监控反馈。这一流程从问题识别到反馈优化，贯穿企业战略制定和执行的全周期，旨在帮助企业有效解决问题、优化流程并持续成长。

回到一般流程，在个人服务标准模型中，也是可以借鉴的流程体系。如果读者去翻阅全球知名咨询管理公司的服务流程和步骤，也基本符合这样的六步法，甚至连基本的分析工具都是差不多的，因此，这可以作为服务产业的一般规律使用。当然，虽然工具相同，但顾问的能力才是解决方案的分水岭，毕竟同样的绣花针，有人绣出大师级的作品，有人什么也绣不出来。

顾问式工作法讲求和服务对象的互动，持续互动贯穿全流程。本书即是顾问团队和客户团队进行两个组织会师之后的基本工作方式。本书不涉及新概念，仅需要做详细阐述每个步骤的具体操作方法。

第一，问题定义：顾问式对话锚定问题和边界。

顾问和企业在接触之后，首先可能要做的事情，不是专业领域的深入探讨，而是将专业因素和非专业因素并列，在接触的过程中，形成一种相互认可的关系。即正式沟通和非正式沟通需要混搭使用，两个团队的领导者之间需要更多的信任，并对于接下来的合作产生一定的共识。

接下来就是多层次的深入对话，明确问题的核心和边界。这个环节不仅仅是简单的沟通，更是通过系统化的思考，将问题的本质精准定位。

在实践中，顾问团队需要通过与企业高管、部门负责人等核心人物的访谈，收集对问题的不同看法。这不仅仅是了解显而易见的问题，还需要引导客户反思潜在的矛盾与瓶颈，避免表面症状掩盖深层次问题。为了明确问题的边界，顾问还需要根据企业的行业特性、发展阶段等因素，设定问题的范围，防止问题过大或过小，影响后续的分析与解决。

在这一阶段，常见的工具包括 SWOT 分析（优势、劣势、机会、威胁）、五力模型等，帮助企业全方位评估当前的内外部环境，并从多角度锁定问题。这一过程确保了顾问和企业之间达成共识，为后续工作的顺利开展奠定基础。

第二，信息收集：整体诊断能力和本质问题显现。

在顾问式对话的过程中，企业有时候会选择一家顾问企业服务；有些企业家知道自己要什么，则会自己将系统问题分切，和世界不同的专业顾问公司进行对话，自己做集成者。而从顾问式工作法来说，更欣赏后一种工作方式，企业的问题往往都是系统问题，有几种病需要同时治，不能按照线性顺序来治病，则是常识。

顾问团队需要全面获取企业的现状数据，并通过系统性诊断，揭示问题的本质。这不仅是对企业运营数据的梳理，更是对整个系统进行宏观和微观双重审视。

在信息收集过程中，顾问团队需要通过定量与定性分析相结合的方式，了解企业的运营情况。定量分析可以涉及财务数据、生产效率、市场占有率等硬性指标；定性分析则通过员工访谈、文化调研等方式了解企业内部的软性因素。常见的诊断工具包括波士顿矩阵（BCG）、价值链分析等，帮助顾问团队从多角度发现问题的根源。

在这一过程中，顾问团队必须具备敏锐的分析能力，能够从大量数据中抽丝剥茧，揭示出问题的本质。企业通常面临的问题往往是复杂多面的，可能同时涉及财务、人力资源、市场等多个维度，因此顾问需要具有系统性思维，进行跨部门、跨领域的诊断。

第三，假设推断：建立新的基础假设。

顾问团队在第二步系统收集信息的基础上，会自然推导出一些认知结果，但一定也有出乎意料的信息出现在眼前。这种意外可能是致命的东西，也可能是面向未来的新机会点。常规和意外是两种不同的信息结构，基于这两种不同的信息结构，顾问团队接下来需要建立假设，以解释企业当前的症状，并推导出可能的解决方向。这个阶段的关键在于通过推理和假设，形成一个或多个可供验证的假说。

顾问通常会运用假设驱动法（Hypothesis-Driven Methodology），这是通行的一种战略思维模型，即根据已有的信息和数据，提出可能的原因和解决方案。这种假设必须有逻辑基础，并能够指导后续的数据验证和分析。假设建立后，顾问团队还需通过内部讨论、头脑风暴等方式，对假设进行检验与修正，确保其合理性和可操作性。

这一环节非常类似于科研中的"假设—检验"过程。顾问需要有足够的经验和敏锐度，能够从复杂的业务场景中提炼出关键因素，并根据假设预估不同方案的潜在影响。假设不仅限于对问题的解释，更是对未来可能变化的预判，为接下来的方案制定提供理论依据。

第四，数据分析和解决方案制定：沙盘推演和蓝军机制。

从假设到方案，这是组织想象力和心智能力的一种体现，方案总是会体现出保守和激进的两端性，方案不同于假设，方案是要实操的，因此也是尊重现实的。顾问团队通过大量数据分析，验证之前的假设，并提出具体的解决方案。这不仅仅是理论上的方案，更需要通过模拟推演、蓝军机制等手段，确保方案的可行性。

数据分析是验证假设的核心步骤。通过细致的数据处理和模型构建，顾问团队可以更清晰地了解不同变量对问题的影响。

例如，通过财务模型分析，顾问可以计算出不同策略对企业利润率的影响；通过市场细分分析，可以找到企业竞争力的真正来源。这种"先模拟再实施"的工作方法，相当于企业在方案落实之前，做了很多次的演习。市场行为是人的思想、情感、动机，以及人与人的互动，都充满了极大的不确定性。因此，模拟优化方案，从矛盾中采用小规模实验手段进行研究，能够提高方案的成功率。

在方案制定的过程中，顾问团队常用的方式是沙盘推演，即通过模拟不同策略在实际中的应用效果，预估其潜在风险与收益。同时，蓝军机制的引入，也帮助企业从不同的视角审视问题。蓝军机制指的是从对手或不同部门的角度来反思企业的战略，模拟竞争对手的反应，以便企业在制定方案时能够更全面地考虑问题。在此基础上，顾问团队会形成详细的行动计划，涵盖方案的执行路径、时间节点、所需资源等，确保解决方案具有明确的操作性。

第五，方案实施：方案具体化落实和督导实施。

方案实施是顾问工作的关键转折点。顾问团队不仅仅是提出方案，还需要协助企业将方案落实到位，并在实施过程中提供持续的指导和支持。

在实际操作中，企业实施方案时，常常会遇到各种不可预见的问题，例如部门协同不畅、执行效率低下等。为了避免这些问题，顾问团队需要全程跟进方案的落实情况，并根据实际情况进行调整。顾问还需要为企业提供明确的实施流程和监督机制，确保每个环节都有相应的负责人，防止方案执行过程中出现脱节。

顾问团队还应当帮助企业导入顾问式工作法，建立有效的沟通机制，确保企业内部各层级人员都能充分理解方案的意义和实施路径。通过定期汇报和讨论，顾问可以帮助企业及时调整方案中的偏差，并确保实施过程顺利进行。

第六，监控反馈：在正负反馈中实现成长。

在方案实施后，顾问团队需要通过建立反馈机制，持续监控方案的执行效果，并根据正反馈不断优化改进。

正反馈指的是方案带来的积极变化，例如市场份额的提升、运营效率的提高等。负反馈则可能反映出方案中的某些问题或实施过程中的不足。在这一过程中，顾问团队需要具备敏锐的洞察力，能够快速发现问题，并根据反馈结果制定调整方案。

反馈机制应当包括定量和定性两方面的监测。定量监测可以通过关键绩效指标（KPI）来评估方案的效果；定性监测则通过访谈、调查等手段了解员工的实际操作体验。通过这一双重监测机制，企业可以不断优化流程，确保方案能够在实践中发挥最大效果。

对领导者而言，他们的责任不仅仅停留在解决问题层面，更重要的责任是在塑造未来。在一轮又一轮地从假设到方案再到实施的过程中，其对团队内部的资源与能力了如指掌，领导者意识到，组织畸形的本质是集体人格的畸形，因此，需要在面对问题的时候，重新塑造企业的理念结构和文化结构。内外因素融会贯通是企业领导者的领导责任，是对于领导力与适应力的双重考验。监控和反馈，是顾问式团队和企业经营团队进行流程优化迭代的主要抓手，这是领导力缘起的地方。顾问可能不是直接去帮助客户创造效益，而是帮助客户消除影响效益的因素。

4.算法控制时代的顾问式工作法突围

本书主要描述的是下一个时代的普遍工作方式。现在，每一个人都被笼罩在无所不在的算法网络当中，软件在吞噬世界，AI 在替代一切可以替代的标准化工作。外卖员也是一种服务，这些争优的外卖员，越努力，越优化路线，对于群体的算法规则就会越收越紧。"平台＋个人"如果被算法控制，平台倾向于将每一个人推向工作的极限，长期处于极限的人，并不是技术社会的唯一发展方向。未来的平台经济需要跳脱"斗兽场模型"，就需要从标准化的竞争模式进入个性化和自我探索型的服务模式。

许多人担忧个性和创新是否会在高度依赖技术的社会中消失。算法驱动着我们的生活，从社交媒体推荐、在线购物到就业匹配，这些工具虽然方便，却也可能无形中塑造我们的选择和思维方式。尽管算法在不断增强其影响力，我们依然可以找到独特的成功路径。

顾问式工作法就是思考在算法控制时代如何突围的问题，不解决这个问题，顾问的工作就是迷茫的，迷茫的行为是不自恰并且自噬的，因此，顾问式工作法需要解决自己的心病问题。这是更为重要的心路实践。

早在 20 世纪上半叶，年轻的彼得·德鲁克就开始批评"经济人"和"经济人组织"，这是一种虚拟的人格体，其行动最大的特征就是"经济利益最大化"，这种观念认为，人的动机主要是经济动机，成就是经济成功与回报，即个体在决策和行动时会优先考虑如何最大化自己的经济利益。"经济人"鼓励利益最大化而采取所有手段，他们看重竞争，以"性价比模型"为理性思考模式衡量一切，包括人本身。而到了今天，"经济人算法"和"社会麻醉师算法"正在统治 AI 时代，利益最大化的算法模型被嵌入各种平台经济中，社会缺少对于"平台经济人算法"的克制力量。这就是我们大部分人遇到的经济现实。

德鲁克批评了经济人假设中的狭隘观点，假设过于简化人类行为的复杂性，将人的动机和行为仅仅归结为经济利益的追求，忽视了人类动机、行为和本质的多样性。德鲁克强调，人的本质和成就不仅仅体现在经济领域，还包括精神、文化和社会等多个层面。

德鲁克提出，在管理中应该重视人的社会性和精神需求。在管理中应该关注员工的情感、动机和人际关系，通过激发员工的积极性和创造力来实现企业的目标。目标管理强调以目标为导向，以人为中心，以成果为标准进行企业管理。这一理论打破了传统管理中以经济指标为唯一衡量标准的做法，更加注重企业的社会责任和员工的个人发展。

顾问式工作法就是对"经济人"工作方式的一种反叛，世界不仅仅是由生意构成的，它是由活生生的个体构成的。商业服务于个人的生活与生命，致力于人的发展。顾问式工作法强调人靠着自己的创造性应对未来。顾问角色成为社会主流工作，实现有温度的连接，能够产生更多的知识和精神共鸣。

启发和体悟是顾问式工作法的基本特征，在服务场景中，这比卷效率的竞争有更多的意义。这是顾问对抗算法控制时代的一种方式，其中，理解算法的局限性是突围的关键。算法并不是中立的，它们是由人类编写和优化的，受制于开发者的偏见、数据的局限性，以及商业目的。算法擅长处理大量数据、自动化任务和预测趋势，但在创造性、情感智能、伦理判断等方面仍然存在不足。在当下和未来，人工智能还没有办法做一个心理咨询师。

数学和一切技术系统的叠加，已经是时代趋势，任何人都无法阻挡这样的技术浪潮，顾问式工作法并非强调和技术分离，而是学会与技术共生，掌握技术而非被技术掌控。在算法时代，技术素养变得越来越重要，最好的策略是学会掌握技术，使其为己所用。了解算法的基本工作原理，并学习如何与算法和数据互动，可以帮助我们在个人和职业生活中做出更加知情的决策。

通过学习基础的编程、数据分析和人工智能知识，个人能够主动设计自己的技术解决方案，甚至可以创造新的工具来满足独特需求。

保持独立思考和批判性思维，是从算法控制中突围的核心。独立思考意味着在面对外部信息时，保持自己的判断力，而不被大数据所左右。批判性思维则要求我们不断质疑、探究现有系统中的漏洞与缺陷，从中发现创新的可能性。

对顾问来说，需要 AI 基于技术和算法自造工具，这是必然的趋势，在不久的将来，用自然语言进行编程和制造 AI 工具的时代也为期不远，虽然分工很细，顾问们在一些技术细节上"知其用而不知其理"，但基础工作还是基于人人对话、人机对话。

顾问个人具有基于经验的调整能力，能较好地处理偏差，进行个性化的服务。算法擅长处理结构化的数据和单一任务，但人类的优势在于创造力和跨学科的思维能力。未来的职业生涯不一定只限于单一的服务业，具有多学科背景的复合型人才会变得越来越重要。通过学习不同领域的知识，个人可以打破单一技能的限制，形成独特的知识结构，这正是算法难以取代的地方。无论 AI 这座山生成得有多高，顾问需要做站在山顶上的那个人。站在 AI 工具基础上，再向前一步，形成个性化和场景化方案，建立更紧密的人人关系，这是顾问面对未来工作的定位。

算法能够分析人的行为数据，但它们无法真正理解情感与人际关系的复杂性。社会中的情感连接、共鸣和信任，都是人类独有的优势，算法在这方面的表现还非常有限。因此，依靠建立和维护强大的人际网络，可以为个人职业生涯带来突破。

顾问职业发展不仅仅依赖于技术能力，还需要通过与他人的互动、合作以及团队精神来实现。那些拥有强大社交网络、能够建立深厚信任关系的人，往往更容易获得高价值的机会。这种网络不仅帮助你找到新的机会，还能为你提供支持和反馈，帮助你在算法未能覆盖的领域中获得独特的优势。

最后，我们需要回到个人的影响力和个人品牌。未来属于那些更好地利用工具表达思想的人。顾问打造独特的个人品牌非常重要，需要把口碑沉淀在自己的身上。个人品牌不仅仅是自我推销，而是基于真实的兴趣、才能和信仰，形成能够清晰表达自己价值观和独特优势的形象。顾问可以通过展现自己独有的风格和思维方式，吸引志同道合的人，建立自己的影响力。这可以通过内容创作、社交媒体、公共演讲等多种方式来实现。

网络影响力和个人品牌的建立不一定需要依赖于大平台算法的推动，反而可以通过对小众领域的深耕，积累专业影响力。找到那些尚未被大规模算法覆盖的领域，利用自己的知识和专长，逐步形成自己的影响圈。独特的视角和深度的专业能力，往往能够超越算法的主流推荐，带来与众不同的机会。

后　记

　　在本书的后记里，要感谢一些长期支持我的人。在二十多年的管理咨询生涯中，得到了师长们的言传身教，向一切优秀的人开放式学习，这是顾问工作的内在要求。而所有人的告诫加在一起，就是两个关键词："真诚"和"透明"。

　　陀思妥耶夫斯基在《罪与罚》中说："世界上没有什么比直言不讳更难，也没有什么比阿谀奉承更容易了。"这句话让人警醒，对企业顾问工作来说，对着客户说真话，彼此承诺做出一个透明化的组织，敢于面对事实，是需要勇气的。这揭示了在人际交往和职业实践中的一种矛盾。尤其在企业顾问这个角色上，这句话更是蕴含了重要的职业道德和挑战。

　　在企业顾问的工作中，面对客户的期望和需求，直接表达事实和挑战客户的观点往往是困难的。这不仅需要顾问具备深厚的专业知识，还需要极大的勇气和责任感。许多企业面临的问题往往涉及深层次的组织文化、管理失误或战略方向偏差，如果顾问选择"顺水推舟"，迎合客户的想法，虽然可能暂时维持良好的关系，但长期来看，这样的沟通方式对企业没有真正的帮助，甚至可能导致更大的问题。

直言不讳地沟通，意味着顾问愿意揭示企业中的不足，提出可能让客户不那么舒服却至关重要的建议。这需要顾问不仅具有专业的洞察力，还要有面对可能矛盾和冲突的心理准备。真话往往是不受欢迎的，因为它揭示了现有的错误和不足，但只有在真诚和透明的基础上，客户才能够真正看到问题所在，并付诸行动加以改进。

客户需要的是能够真正帮助他们改善业务的建议，而不是为了迎合他们的情感而提供的虚假安慰。从未来的企业治理来看，透明化的组织结构尤为重要。一个企业如果希望实现可持续的发展，必须有能力面对自身的弱点和不足。这意味着企业领导层必须鼓励"说真话"的文化，而不是只希望听到符合自己愿望的答案。顾问在这样的环境下，不仅能更有效地发挥作用，还能通过真实的沟通赢得企业的长久信任。

高质量无损沟通模式是顾问事业的基础，作为顾问，帮助企业建立透明化的文化，推动直言不讳的沟通，并鼓励全员面对现实，是一种责任。这不仅关乎企业的业绩提升，更关乎组织的整体健康。透明的组织文化可以让员工和管理层都能更清晰地了解企业的现状，从而共同解决问题，推动企业前进。

未来 80% 的工作可能是服务业工作，顾问这种工作形态将无处不在，顾问式工作法是一个系统性的体系，工作方式正在大规模地迁移，人人都是咨询师的时代正在加速到来。本书算是抛砖引玉，期待更多的专家学者提供宝贵意见，一起来构建顾问式工作法的大厦。

陈震

2024 年 10 月 30 日